Wolfgang Krüger

Freiraum für die Liebe

Nähe und Abstand in der Partnerschaft

KREUZ

2. Auflage 2012

www.kreuz-verlag.de

Umschlaggestaltung: [rincón]² medien gmbh, Köln
Umschlagmotiv: © Getty Images

Satz: de·te·pe, Aalen
Herstellung: fgb · freiburger graphische betriebe
www.fgb.de

Gedruckt auf umweltfreundlichem, chlorfrei gebleichtem Papier
Printed in Germany

ISBN 978-3-451-61068-4

Inhalt

»Was ist Glück?
Die Fähigkeit, Bindungen einzugehen.«

Christa Wolf

Nähe und Distanz – der Kernkonflikt der Liebe

Eine nachdenkliche Lehrerin sitzt mir gegenüber und schildert mir ihre Partnerschaftsprobleme: »Ich weiß nicht, was verloren gegangen ist. Wir sind jetzt 12 Jahre zusammen und reden kaum wirklich miteinander. Wir sprechen zwar viel über unsere Kinder, über den Beruf, aber emotionalen Themen weicht er aus. Allerdings verstehen wir uns ganz gut, wenn wir verreisen und dann gemeinsam Fahrrad fahren. Doch die Erotik ist fast auf der Strecke geblieben, wir schlafen kaum noch miteinander. Die Luft ist raus. Mal gehe ich stärker auf meinen Mann zu, mal macht er wieder einen Versuch, aber dann ziehe ich mich zurück. Ich will zwar Nähe, doch ich fühle mich manchmal fast wohler, wenn ich allein bin. Aber ich will mit ihm zusammenbleiben, vorher hatte ich einige andere Beziehungen, da war es nicht anders.« Diese 48-jährige Lehrerin hatte viele Ratgeberbücher gelesen und war verwirrt. Sie hatte gelernt, mehr über sich zu reden, aber ihr Mann fühlte sich eher bedrängt. Sie hatte Freundschaften begonnen, um die Beziehung von zu großen Ansprüchen zu entlasten. Sie hatte sogar einen Workshop zum Thema Partnerschaft besucht. Nichts hatte wirklich geholfen. Sie wollte sich aber auch nicht trennen, denn sie hatte Angst, dass sich dieser Verlust der Nähe immer wieder ereignen würde. Und ich stimmte ihr zu. Fast immer wiederholen wir die gleichen Nähe-Distanz-Muster in Beziehungen. Oft werden die Konflikte in einer neuen Partnerschaft sogar schlimmer, deshalb liegt das Trennungsrisiko bei Zweitverheirateten wesentlich höher als bei der ersten Heirat. Dies ahnte die Lehrerin und wollte gern in der Beziehung bleiben. Aber zufrieden war sie schon seit Jahren nicht mehr und betrachtete sich als ›schwierigen Fall‹. Doch für mich war dieser Nähe-Distanz-Konflikt eine klassische Problematik, wie ich sie fast jeden Tag zu hören bekomme. Und sicher beschäftigen Sie ähnliche Probleme? Wahrscheinlich fragen Sie sich, was Ihr Partner tun kann, damit die Liebe gelingt? Was Sie selbst tun können, damit Sie wieder eine entspannte Nähe genießen, aber auch genügend Abstand erleben können. Das klingt ein wenig nach einem komplizierten Seiltanz.

Die Suche nach der lebendigen Nähe

Tatsächlich ist die Liebe der Lohn dafür, dass wir eine sehr schwierige Lebensaufgabe lösen. Denn die Liebe resultiert aus der Spannung, die sich zwischen Nähe und Distanz abspielt. Mit anderen Worten: Die Liebe ist der Glücksbalken, der auf zwei Säulen aufruht: der Nähe und der Distanz. Sowohl die Nähe als auch die Autonomie der Partner sind wichtig. Und doch sind wir am stärksten von einem ewigen Wunsch erfüllt: Wir sind auf der Suche nach der lebendigen Nähe. Wir sind angerührt, wenn sich zwei Menschen wirklich lieben. Deshalb finden wir es traurig, wenn wieder einmal im Freundeskreis eine Ehe scheitert. Und deshalb müssen wir uns zunächst mit der Frage beschäftigen: Warum geht die Nähe in den meisten Beziehungen verloren? Erinnern Sie sich noch an die ersten Wochen und Monate Ihrer Liebesbeziehung? Und wenn Sie dies bereits vergessen haben: Schauen Sie sich junge Liebespaare an. Sie suchen ständig die Nähe, sie reden fast unaufhörlich miteinander, müssen sich berühren. »Wir konnten die Finger nicht voneinander lassen, kamen kaum noch aus dem Bett. Und wir haben dreimal täglich miteinander telefoniert. Und wenn er nach Hause ging, hatte ich bereits wieder Sehnsucht«, – erinnert sich die 48-jährige Lehrerin an ihre Liebe, die inzwischen so distanziert geworden ist: »Ich habe ja noch heute manchmal Sehnsucht nach meinem Mann, aber wenn er dann stürmisch auf mich zukommt, will ich Abstand, dann ist mir das zu schnell. Und wenn ich Sehnsucht habe, zieht er sich zurück. Das ist richtig tragisch. Das ist wie bei den Wetterhäuschen, wo mal der eine draußen ist, mal der andere. Wir kommen nicht mehr zusammen.«

Das gemeinsame Wir

In den meisten Liebesbeziehungen verstärken sich im Laufe der Zeit die Distanzwünsche. Dies ist teilweise durchaus normal. Doch wenn die Distanzwünsche überwiegen, liegt immer eine Fehlentwicklung vor. Denn das Hauptbedürfnis jeder Partnerschaft besteht stets in einer halbwegs stabilen Nähe. Das ist die eigentliche Sehnsucht, die wir in einer Partnerschaft ausleben. Nach einem alten griechischen Mythos sind wir alle auf der Suche nach unserer anderen Hälfte, da wir ursprünglich Kugelwesen waren. Diese Suche nach Nähe ist der Motor unserer Liebessehnsucht. Diese Erkenntnis wird durch alle Untersuchungen der letzten Jahrzehnte bestätigt. Erwähnen will ich nur eine amerikanische Studie mit ›glücklichen Paaren‹, die Judith Wallerstein 1990 durchgeführt hat. Aus ihren Untersuchungen ergab sich, dass glückliche Paare vor allem eine Aufgabe bewältigen müssen: ein gemeinsames Wir aufzubauen.[1] Offenbar müssen zwei Menschen gemeinsam ein Haus der Liebe bauen. Am Beginn der Liebe ist das noch recht einfach, hier ist fast eine Verschmelzung zu beobachten. Doch zunehmend bekommt die Beziehung Risse, und oft bleibt eine Ruine der Liebe zurück. Einfach ist ein Aufbau von Nähe offenbar nicht. Und vor allem: Wir haben ja nicht nur eine Sehnsucht nach Nähe, jeder von uns hat immer auch eine Angst vor dem Verlust an Freiheit. Gewissermaßen haben wir alle einen inneren Konflikt, den wir auch als Abhängigkeits-Autonomiekonflikt bezeichnen. Wir brauchen den anderen, empfinden die Nähe aber auch als Gefahr. Das ist der Urkonflikt der Liebe. Wir suchen die Nähe, wollen aber auch einen genügend großen Abstand. Der Philosoph Schopenhauer hat sogar gemeint, es sei der Urkonflikt des Lebens, alle anderen Probleme würden sich daraus ableiten. Er veranschaulicht dies mit einem Gleichnis: Eine Gesellschaft Stachelschweine würde nach einem kalten Wintertage zusammenrücken, um sich durch die gegenseitige Wärme vor dem Erfrieren zu schützen. Doch bald empfanden sie die gegenseitigen Stacheln, und legten wieder Abstand ein. Das Bedürfnis nach wärmender Nähe brachte sie zusammen, das gepiekt werden durch die Stacheln entfernte sie. Das Geheimnis des Lebensglücks besteht daher nach Schopenhauer darin, dass wir die richtige Nähe finden, um nicht zu frieren und den richtigen Abstand, damit wir uns nicht ständig über die Mitmenschen ärgern.

Wie viel Abstand brauchen Sie?

Doch wie findet man in einer Partnerschaft den richtigen Abstand? Bei Freundschaften ergibt sich automatisch immer wieder ein gewisser Abstand, wenn man sich nicht trifft. Aber in einer Liebesbeziehung besteht – zumindest am Beginn – eine ständige Nähe, und wir müssen uns unsere Rückzugsräume bewusst gestalten. Auch dies ist nicht einfach. Häufig gestehen wir uns diese Distanzbedürfnisse nicht ein und es fehlt uns der Mut, diese Wünsche auszuleben. Das liegt nicht nur am Partner, der mitunter unruhig auf unsere Rückzugsneigung reagiert. Oft wurden wir schon in der Kindheit daran gehindert, uns einmal für längere Zeit zurückzuziehen. Oder durften Sie als Jugendliche das Zimmer abschließen? Durften Sie sich eine Zeitlang zurückziehen, ohne dass sich die Eltern darüber beschwerten? Wurden Ihnen Schuldgefühle vermittelt, wenn Sie keine Nähe herstellen wollten? Wir sollten also darüber nachdenken, welche Nähemuster wir in der Kindheit erlebt haben. Und dann müssen wir lernen, akzeptierend mit den eigenen Distanzwünschen umzugehen. Sonst gehen wir unreflektiert auf die Nähewünsche des Partners ein und überfordern uns. Denn die verdrängten Distanzwünsche kommen doch zum Vorschein. Man kommt zu einer wichtigen Einladung zu spät, äußert plötzlich Kritik, ist irgendwie kühl und zurückhaltend. »Du bist zickig« – muss man sich dann anhören.

Frauen und der Wunsch nach Abstand

Vor allem Frauen müssen lernen, die eigenen Distanzwünsche zu erkennen. Häufig entwickelt sich ihr Wunsch nach Autonomie erst nach der Familiengründung. Zunächst ist ihr Leben eher von einem Wunsch nach Nähe geprägt. Bei einer von mir durchgeführten Umfrage gaben 70 Prozent der Frauen zwischen 20 und 40 Jahren an, sie hätten gern mehr Nähe als ihre Partner. Wahrscheinlich führt der Kinderwunsch dazu, dass bei Frauen in diesem Alter sehr stark das Bedürfnis nach einem beständigen, verlässlichen Partner vorhanden ist. Doch wenn die Kinder etwas größer geworden sind, wollen die Mütter meist erheblich mehr Zeit für sich genießen. Sie haben sich um die Kinder gekümmert, haben auf vieles verzichtet und wollen nun stärker die eigenen Bedürfnisse ausleben. Und so gaben 65 Prozent der Frauen über 50 Jahren an, sie hätten gern mehr Freiheit für sich, doch 60 Prozent der Partner wollten gern mehr Nähe. Wir haben es hier mit einem massiven Emanzipationskonflikt zu tun. Die Nähe suchenden Frauen, die es noch nach dem zweiten Weltkrieg gab, suchen heutzutage viel stärker ihre Autonomie. Nach der Midlife-Crisis treffen die nunmehr anhänglichen Männer auf selbstbewusste Frauen, die ihre eigene Freiheit lieben. Und dieser Wunsch nach Distanz zeigte sich auch in einer Umfrage der Zeitschrift ›Für Sie‹: 77 Prozent der Frauen meinten, sie hätten gern mehr Freiheit, um den eigenen Interessen nachzugehen. Offenbar wollen heutzutage viele Frauen mehr Abstand in der Liebe. Sie sind selbstbewusst, wollen stark sein und doch möchten sie gelegentlich beschützt werden. Aber dieser Wunsch nach Nähe geht oft nicht in Erfüllung. Das hängt auch mit den Männern zusammen, die sich von den selbstbewussten Frauen überfordert fühlen. Wenn heute 40 Prozent aller Männer als unsicher gelten, ahnen wir, dass diese vor einer selbstbewussten, eher distanzierten Frau Angst haben. Die Nähe-Distanz-Muster von Frauen und Männern bieten offenbar keine verlässliche Orientierung mehr.

Aus zweien eins machen

Zu Recht sind viele Frauen heutzutage skeptisch hinsichtlich einer Nähe, die zu sehr mit Selbstaufgabe einhergeht. Sie sind skeptisch gegenüber der Aussage des Philosophen Schleiermacher, der einmal schrieb, in der Liebe müsse man aus zweien eins machen. Vielmehr meinen sie, man müsse auch in einer Partnerschaft seine Persönlichkeit behalten. So jedenfalls äußerte sich die bereits erwähnte Lehrerin, die ich kürzlich fragte, ob sie ihren Mann nicht heiraten wolle. Sie sagte mir unverblümt: »Beim Wort Heiraten ziehe ich innerlich den Revolver. Das ist mir zu eng. Das ist mir zu verpflichtend. Bis dass der Tod uns scheidet … – das kann ich mir nicht vorstellen.« Nun gibt es ja immer mehr Menschen, die nicht heiraten. Aber die temperamentvolle Äußerung dieser Lehrerin gab mir doch zu denken. Ich fragte mich, ob sie nicht selbst Angst vor einer engen Bindung hatte. Doch gleichzeitig fühlte sie sich einsam und zitierte einmal das Gedicht von Kästner:

Brauchtest Liebe. Findest keine.
Träumst vom Glück. Und lebst im Leid.
Einsam bist du sehr alleine –
und am schlimmsten ist die Einsamkeit zu zweit.

Diese Lehrerin fühlte sich einsam, obgleich ihr Mann nachts neben ihr lag, ihr mitunter Blumen mitbrachte und um sie warb. Sie sehnte sich nach Nähe, doch wenn er den ganzen Tag immer wieder etwas von ihr wollte bekam sie Fluchtgedanken. »Ja« – sagte sie mir nach dem Gespräch und fing an zu weinen: »Nähe und Distanz – das ist mein Thema.«

Das Geheimnis der guten Ehe

Eine stabile Nähe aufzubauen, in der beide Partner ihre Distanzwünsche ausleben können – das ist das Geheimnis einer guten Ehe. Dies bestätigt auch die Schweizer Psychotherapeutin Rosemarie Welter-Enderlin. Sie betont, wir bräuchten in einer Partnerschaft eine Ausgewogenheit zwischen Nähe und Distanz, Bindung und Autonomie. Und dies hat sie in einem wunderbaren Bild ausgedrückt: man müsse Wurzeln haben, aber auch über Flügel verfügen. Wir müssten also lernen in einer Partnerschaft jene Nähe herzustellen, die beide als beglückend erleben. Und wir müssten gleichzeitig lernen, genügend Abstand einzuhalten. Diese Herausforderung erinnert mich an einen Tanz, bei dem es immer wieder einen Wechsel zwischen Nähe und Distanz gibt. Doch offensichtlich beherrschen wir diesen Tanz meist nicht sehr gut und so treten wir uns auf die Füße, kommen aus dem Takt. Das mag daran liegen, dass dieser Tanz weitgehend unbewusst getanzt wird. Und es gibt auch keine Schule, wo man die notwendigen Schritte für diesen Nähe-Distanz-Tanz erlernen könnte. Und so gibt es immer wieder die klassischen Situationen: Sie sucht seine Nähe, doch er hat nur seine beruflichen Konflikte im Kopf und zieht sich zurück. Und als er sie abends im Bett streichelt, ist sie reserviert, und er ist gekränkt. So reagieren beide empfindlich auf die empfundene Ablehnung und können auf die Nähewünsche des anderen nicht eingehen.

Können Sie mit Ihrem Partner über solche Situationen reden? Im Allgemeinen spricht kaum jemand in der Ehe über seine Nähewünsche, die nicht in Erfüllung gingen. Man lebt seine Enttäuschungen eher über sachliche Themen aus. Heftig streitet man sich über die Kindererziehung, das Geld, über das nächste Urlaubsziel. Manchmal wirken die Themen belanglos – aber sie werden von den Kränkungen der Nähe und den nicht gelebten Distanzwünschen gespeist. Wäre es nicht besser, wir könnten offener über unsere Wünsche hinsichtlich der Nähe und Distanz reden und auch unsere Kränkungen mitteilen? Sollten wir nicht offener, vor allem auch bewusster mit diesem Konflikt umgehen? Dann könnten wir lernen, unsere Distanzwünsche offener auszuleben. Und wenn wir genügend Abstand hätten und unsere innere Mitte gefunden haben, könnten wir auch besser auf den Partner zugehen und eine verlässliche Nähe herstellen.

Die beglückende Nähe

Doch automatisch entsteht diese Nähe natürlich nicht. Es ist eine große Kunst, diese Nähe herzustellen, die im Laufe der Jahre so oft verloren geht. Dann bleibt oft nur noch eine Versorgungsbeziehung bestehen. Aber das ist kein zwangsläufiger Prozess, sondern ein Drama, das wir verstehen müssen und ändern können. Wir müssen begreifen, warum die verbindliche Nähe allmählich scheitert. Fast immer gibt es am Beginn der Liebe jene Nähe, von der die gesamte Partnerschaft erfüllt ist. Vielleicht kennen Sie selbst noch jene intensiven Momente der Nähe, in der ein tiefes Gefühl der Zusammengehörigkeit entstanden ist. Sie haben vielleicht mit dem Partner ein beglückendes Gespräch gehabt, Sie haben miteinander geschlafen, und es ist eine verlässliche Nähe entstanden, die durch nichts infrage gestellt werden kann. Die Alltagssorgen werden unwichtig: Es regnet plötzlich und Sie müssen den Ausflug verschieben. Der Strom fällt aus, Sie können ihre Lieblingssendung nicht sehen. Trotzdem geht es ihnen gut. Sie ärgern sich nicht über ihren Schnupfen und die Mieterhöhung, es geht Ihnen beiden einfach gut. So grundlegend ist die positive, beglückende Wirkung der Nähe. Sie ist wie ein Glücksschirm, der alle Sorgen von uns abhält. Das ist so elementar für unser Leben, dass wir versuchen sollten, das Geheimnis der Nähe zu ergründen. Beginnen wir also mit der Frage: Was ist Nähe?

Was ist wirkliche Nähe?

Nähe ist, wenn ich Deinen Duft in der Nase spüre – las ich einmal. Tatsächlich muss man einen Menschen riechen können, sonst entsteht keine Nähe. Aber wenn Sie einen Menschen riechen, ihn umarmen, ist dies nicht unbedingt mit dem seelischen Erlebnis der Nähe verbunden. Es ist oft nur ein Ritual, dass wir andere umarmen. Ja, wir können sogar mit einem anderen Menschen schlafen, ohne dass wirklich Nähe entsteht. Nähe ist nicht in erster Linie ein körperlicher Prozess und man kann sie nicht mit dem Zentimetermaß messen. Wir können uns einem Menschen nahe fühlen, der weit weg ist. Offenbar ist die Nähe eine Qualität, die nur schwer zu beschreiben ist. Deshalb sollten wir uns zunächst fragen, wie der Begriff Nähe entstanden ist. Als Nähe wurden im 15. Jahrhundert in Deutschland große, flache Fähren mit geringem Tiefgang bezeichnet. Diese hölzernen Fahrzeuge wurden vor allem auf Neckar und Rhein eingesetzt. Die Nähe ist demzufolge das Ergebnis eines Brückenschlags. Es ist der Versuch, einen anderen Menschen wirklich zu erreichen.

Doch eine intensive Nähe ist immer nur vorübergehend möglich, dann muss jeder wieder etwas stärker sein eigenes Leben gestalten. Insofern ist der Wechsel von Nähe und Distanz so wichtig. Ist die Beziehung gut, dann gelingt dieser ständige Wechsel mühelos. Aber wenn die Beziehung schwieriger wird, klappt dieser Wechsel nicht. Einer ist dann immer der Nähesuchende, der andere will Abstand – es kommt weder zu einer lebendigen Nähe, noch zu einer entspannten Distanz. Man könnte sagen, dass hier wie bei einem Motor ein Kolbenfresser vorliegt. Alles ist blockiert, jeder verharrt in seiner Rolle. Der Distanzierte denkt immer stärker daran, die Beziehung zu beenden. Und der Nähesuchende rennt ihm quasi hinterher und ist gereizt. Dies ist die Hauptursache für die massiven Enttäuschungen in der Liebe. Es kommt deshalb zunächst darauf an, dass wir einen Partner finden, der unserem Nähe-Distanz-Verhältnis entspricht. Dann ist die Gefahr geringer, dass es später Blockierungen im Wechsel zwischen Nähe und Distanz gibt. Die großen Partnerschaftsbörsen im Internet haben daher immer eine Rubrik für Nähe/Distanz. Mithilfe umfangreicher Tests wird erforscht, wie groß das Nähe- bzw. Distanzbedürfnis des Liebesuchenden ist, und ihm werden dann geeignete Partner empfohlen. Ich habe ziemliche Zweifel, ob dies so gelingen kann. Doch es ist richtig, wenn wir am Anfang einer Beziehung darauf achten, dass genügend Nähe entsteht und gleichzeitig ein genügender Abstand möglich ist. Sonst haben Sie in der Beziehung ständig massive Nähe-Distanz-Konflikte.

Die drei Grundregeln der Liebe

Wenn Sie Ihre Schwankungen in der Liebe verstehen wollen, müssen Sie sich zunächst fragen: Bestanden diese Konflikte von Anfang an oder wurden Sie erst durch die Belastungen in der Beziehung hervorgerufen? Nehmen Sie sich deshalb einige Stunden Zeit und überlegen Sie, wie sich die Nähe-Distanz-Konflikte im Laufe der Jahre entwickelt haben. Waren sie schon am Anfang vorhanden? Und wann und warum ging die Nähe verloren? Beschäftigen Sie sich mit dem Beginn der Liebe, denn es ist grundlegend für das Liebes-Glück, ob der Partner von Anfang an unseren Nähe- und Distanzbedürfnissen entspricht. Dabei gibt es drei wichtige Erkenntnisse:

1) Die Stimmung in der Liebesbeziehung wird gedämpft, wenn die Nähebedürfnisse nicht befriedigt werden.
2) Doch noch schlimmer ist es, wenn der Partner die Distanzwünsche missachtet. Nähegefühle schrumpfen, wenn der Partner mehr Nähe einfordert als wir geben können. Dies löst immer Abwehrreaktionen (»Ich will einfach weg.«) und Schuldgefühle (»Warum bin ich nicht beziehungsfähiger.«) aus. Langfristig führt das zum Scheitern jeglicher Nähe.
3) Die Nähe-Distanz-Wünsche eines Menschen kann man kaum ändern. Sie ändern sich mitunter durch äußere Belastungen (Kinder, Krankheiten). Auch tief greifende persönliche Reifungsprozesse führen immer zu einem anderen Näheverhalten. Doch der Partner kann eine solche Veränderung nicht einfordern (»Du musst nähefähiger werden.«).

Viele Frauen machen den Fehler, sich einen Mann vom Typ ›einsamer Wolf‹ zu suchen. Sie haben die Hoffnung, dass er im Laufe der Zeit auftaut, wenn sie ihn ›für zwei lieben‹. Doch diese Hoffnung geht meist nicht in Erfüllung. Das musste auch die attraktive Lehrerin erleben. Ihr Mann hatte immer die Angewohnheit, dass er viel vor dem Computer saß, allein zum Segelfliegen ging und nicht gern mit ihr über Gefühle redete. Doch dies war für sie anfangs Ausdruck seiner Schüchternheit, sie war überzeugt, dass er im Grunde seines Herzens nähefähig ist. Und nun versucht sie seit vielen Jahren vergeblich ihn umzumodeln. Sie hat versucht mit ihm zu reden, hat geschmollt, hat mit anderen Männern geflirtet. Nichts hat genutzt. Dann ist sie fremdgegangen, und er war für kurze Zeit erschüttert, es entstand mehr Nähe. Doch nach mehreren Monaten spielte sich der alte Abstand wieder ein.

Glauben Sie an das, was passiert

Wenn Sie einen Dauerkonflikt vermeiden wollen, dann suchen Sie sich einen Partner, der von Anfang an halbwegs Ihren Nähe-Vorstellungen entspricht. Und glauben Sie an das, was wirklich passiert. Wenn wir uns eine Nähe herbeireden müssen, ist die Beziehung bereits zu kompliziert. Nähe ist immer offensichtlich und direkt – wenn man miteinander spricht, sich küsst oder ins Bett geht. Deshalb sollten Sie sowohl zu Ihren Nähe- als auch zu Ihren Distanzwünschen stehen und sich nicht auf Männer einlassen, die Sie immer wieder verunsichern. Machen Sie also nicht den Fehler, aus einem distanzierten Mann einen nähefähigen machen zu wollen. Unser Nähebedürfnis hängt sehr stark von unseren bisherigen Lebenserfahrungen ab, unser Distanzbedürfnis hat viel mit unserem Wunsch nach Sicherheit zu tun. Das ist ein sehr kompliziertes System, das wir nicht einfach ändern können. Das wäre genauso naiv, als würden Sie in das Getriebe eines Autos einige größere Zahnräder einbauen, um schneller fahren zu können.

Die Diagnose

Nun werden Sie zu Recht einwenden, dass es manchmal sehr verwirrend ist, die Fähigkeit zur Nähe bzw. Distanz eines Mannes einzuschätzen. »Mal ist er so, mal so« – sagen mir viele Frauen. Vertrauen Sie daher am Beginn der Liebe ihrem Bauchgefühl. Dies ist die beste Diagnostik für die Übereinstimmung von Nähe- und Distanzwünschen. Doch wie entsteht dies Bauchgefühl? Jeder von uns verfügt über ein inneres Drehbuch, in dem alle Erwartungen, Hoffnungen und Gefühle enthalten sind. So wie ein Dramaturg die wichtigsten Figuren eines Stücks anleitet, sind in diesem Drehbuch vor allem die Hauptakteure enthalten: ER und SIE. Leider kennen wir meist unser eigenes Drehbuch der Liebe nicht. Fast immer ist es naiv-kitschig. Darin träumen auch selbstbewusste Frauen davon, gerettet zu sein, und Männer sind unendlich gern Retter. Allerdings gehen wir selten so offen mit unseren Liebes-Erwartungen um wie der Philosoph Sartre. Er schrieb in seiner Autobiographie, er habe in seiner Jugend davon geträumt, Frauen unter dem Einsatz seines Lebens zu retten. Diese hätten dann zu ihm gesagt: du hast mein Leben gerettet, ich bin dein!

Die Nähe-Distanz-Ausstrahlung

Meist kennen wir die eigenen Drehbücher der Liebe nicht, die bei der Partnerschaftswahl eine große Bedeutung haben. Denn diese Drehbücher enthalten immer unsere Nähewünsche, aber auch Distanzbedürfnisse. Wie ausführlich ein solches Drehbuch ist, wurde mir kürzlich bei einer sehr attraktiven Schauspielerin bewusst, mit der ich befreundet bin. Sie mag eine verlässliche Nähe, braucht aber auch einen großen Freiraum. Sie liebt intensive Gespräche, würde sich aber schnell eingeengt fühlen, wenn der Partner ständig mit ihr zusammen sein würde. Sie hatte bereits einige Fernbeziehungen, und wiederum fand sie einen sehr liebenswürdigen Mann, der 600 km entfernt lebt, drei Söhne hat und aus beruflichen Gründen nicht nach Berlin ziehen kann. Und diese Wahl war kein Zufall, sondern das Ergebnis ihres inneren Drehbuches. In ihm waren alle Nähewünsche (Ich will mit ihm reden, er muss verlässlich sein, er muss lieb sein) und Distanzwünsche (Er muss eigenständig sein, er muss mir meine Freiheit lassen, ich brauche Zeit für mich) verzeichnet. Und solch ein kompliziertes Drehbuch haben wir alle. Im Bruchteil einer Sekunde nehmen wir wahr, ob sich irgendwo in unserer Nähe ein Mensch befindet, der unserem Drehbuch entspricht. Dazu gehört vor allem, dass wir seine Nähe-Distanz-Ausstrahlung wahrnehmen. Instinktiv erfassen wir sein Gesicht, seine Bewegungen, seine Körperhaltung und erahnen, ob es sich hier eher um einen distanzierten, ehrgeizigen Mann oder einen eher nähefähigen, kameradschaftlichen Mann handelt. Wie er schaut, sich bewegt, seine gesamte Ausstrahlung sagt viel über sein Näheverhalten aus. Wir spüren, ob er eher frech, ruhig, verlässlich oder distanziert ist. Und wenn er unserem inneren Drehbuch entspricht, beginnt die nonverbale Kommunikation von Nähe und Distanz. Wir schauen zum Mann herüber und signalisieren: Du interessierst mich. Dann schauen wir weg, ziehen gewissermaßen die Aufmerksamkeit zurück. Nun erfolgt in kurzen Abständen ein Wechsel der Aktivität: Mal stellt der eine mehr Nähe her, mal der andere – bis es zu einer Begegnung kommt, die meist vom Mann ausgeht. Und dann beginnt ein Tanz von Nähe und Distanz.

Würde er immer Nähe herstellen, ihr seine unverbrüchliche Liebe gestehen, sie ständig anrufen – das Spiel der Liebe wäre bald zu Ende. Wenn er zu schnell vorgeht, fühlen wir uns bedrängt. Wir reagieren dann sogar körperlich: Alle Nackenhaare richten sich auf, wir werden verkrampft. Gleichzeitig sind wir enttäuscht, wenn nicht genügend Nähe entsteht. Wir müssen Liebe empfangen, uns vom anderen umwerben lassen. Doch dann müssen wir auch Sehnsucht nach dem anderen entwickeln, ihn vermissen. Damit wir lieben, muss diese Liebe atmen. Wir müssen die Gelegenheit haben, auch ihn zu umwerben, ihn zu lieben. Über 70 Prozent der Frauen wünschen sich in dieser Phase der ersten Annäherung mehr Distanz von den Männern. Dies meinte auch eine junge Physiotherapeutin: »Ich will, dass ein Mann durchaus Nähe herstellt, aber es geht mir oft zu schnell, ich muss auch um ihn kämpfen, ich will mich für ihn entscheiden, ich muss mich um ihn bemühen. Wenn ich genau weiß, dass er mich immer will, dass ich ihn sicher habe – interessiert er mich nicht. Ich fühle mich dann bedrängt.«

Der Reißverschluss der Liebe

Jeder muss also immer wieder Nähe herstellen, um sich dann zurück zu ziehen. Das ist wie bei einem Reisverschluss: Mal kommt der eine, dann der andere, und nur so ist gewährleistet, dass sich beide füreinander entscheiden. Sonst ist der eine verliebt, der andere bleibt unterkühlt. Dieser Prozess ist deshalb so aufregend, weil man zwar in dieser Phase dem anderen seine Liebe zeigen muss, aber er darf sich nicht zu sicher fühlen. Daher muss immer wieder jener Abstand entstehen, der bei ihm ein Gefühl der Sehnsucht und mitunter auch ein leises Gefühl der Angst auslöst. Wir fangen nur an zu lieben, wenn es eine innere Explosion gibt. Üblicherweise ›verschanzen‹ wir uns etwas hinter den Mauern unserer Persönlichkeit. Die Liebe ist doch auch eine große Gefahr, wir können enttäuscht werden, verletzt, betrogen. Der französische Schriftsteller Stendhal ist deshalb der Meinung, dass eine gewisse Angst notwendig sei, damit unser übliches Lebensfundament aufgelöst wird. Dies bestätigte die junge Physiotherapeutin: »Erst hatte ich Sehnsucht nach ihm, es gefiel mir, wie er um mich warb. Aber so richtig verliebt war ich erst, als er etwas enttäuscht nach einem Treffen nach Hause ging. Er hatte wohl mehr erwartet und ich lag im Bett und konnte nicht einschlafen und wollte ihn am liebsten anrufen und ihm sagen: Zieh dich nicht zurück, ich will dich nicht verlieren. Irgendwie bekam ich Angst, ich war richtig weich gekocht, durcheinander … und dann wurden wir ein Paar.«

Gerade junge Männer machen den Fehler, dass sie ungestüm werben und die Distanz-Regel der Liebe missachten. Ein

Freund von mir wunderte sich, dass seine massiven Verführungskünste bei einer hübschen Frau keinen Erfolg hatten. Doch als er sie aus Versehen mit einem falschen Namen anschrieb, rief sie ihn sofort an. Plötzlich hatte sie Sehnsucht nach ihm.

Die emotionale Kompetenz

Es ist nicht einfach, um den anderen zu werben und noch schwieriger ist es, später den passenden Abstand einzuhalten. Wir brauchen seelische Antennen, um die richtige Nähe und zugleich den passenden Abstand in der Liebe zu finden. Wir brauchen ein soziales Gespür, denn wir müssen nicht nur die eigenen Wünsche und Interessen, sondern vor allem auch die Signale des anderen erfassen. Die richtige Nähe in einer Partnerschaft herzustellen, ist wohl eine der schwierigsten Fähigkeiten. Wir werden später sehen, dass im Allgemeinen unser soziales Gespür in der Kindheit eher gestört wird. Nun wollen amerikanische Forscher festgestellt haben, wie dieses soziale Gespür entsteht. Sie haben herausgefunden, dass es insbesondere der Mandelkern (Amygdala) im Gehirn ist, der jene Gefühle steuert. Als man einer Patientin diesen Mandelkern entfernte, hatte sie auch das Gefühl für die soziale Distanz verloren. Man verglich sie in Experimenten mit 20 gesunden Probanden. Während diese einen Abstand von 60–70 Zentimetern als am angenehmsten empfanden, hielt die Patientin einen Abstand von 34 Zentimetern für angemessen. Doch auch bei ›Gesunden‹ ist das Gespür für die richtige Distanz nicht immer vorhanden. Schließlich handelt es sich um eine emotionale Fähigkeit, die sehr viel Spürsinn voraussetzt.

Nur wenn wir über die richtigen emotionalen Antennen verfügen, spüren wir, welche ›Entfernung‹ richtig ist oder testen dies aus. Wir geben dem anderen die Hand, siezen ihn, halten körperlich einen größeren Abstand, wenn wir feststellen, dass der andere etwas reserviert ist. Und wir kommen ihm erst dann etwas näher und duzen ihn, wenn wir merken, dass er damit einverstanden ist. Und wenn wir unsicher sind, machen wir einen Test. Er berührt sie – scheinbar zufällig – am Arm und registriert dann sehr genau, ob ihr das angenehm ist oder nicht. Und mitten im Gespräch benutzt er das vertraute: »Weißt du … kürzlich habe ich mir abends noch einen Rotwein aufgemacht und habe ein Buch gelesen … kommst du manchmal zum Lesen?« Entweder geht sie auf das ›Du‹ ein oder bleibt beim ›Sie‹; und so gibt es hundert kleine Anzeichen für die Nähe-Distanz-Relation. Wenn sie spürt, dass er zu aufdringlich ist, indem er zu schnell persönliche Dinge wissen will (»Woran ist deine Ehe gescheitert?«), wenn er zu viel Intimes preisgibt (»Ich bin immer unsicher bei Bewerbungen.«) oder wenn er zu sehr drängelt (»Kommst du noch zu mir nach Hause?«) fühlt sie sich bedrängt. Dann dämpft sie ihn, indem sie mit dem nächsten Telefongespräch oder der E-Mail wartet. Wenn er diese Botschaft nicht begreift, ist die Beziehung hier bereits zu Ende. Doch wenn er die Botschaft versteht und warten kann, beginnt ein gemeinsames Schwingen: Das ist die Geburt der Liebe. Allerdings gibt es dann zahllose Stolpersteine, so dass der Prozess der Nähe immer wieder misslingen kann. Deshalb möchte Sie gern auf diesem Weg der Liebe mitnehmen. Es ist wichtig, dass Sie diese Anfänge der Liebe begreifen und sich erinnern. Auch ein Statiker untersucht zunächst die Fundamente des Hauses, um die Risse im Erdgeschoss zu verstehen. Und so müssen auch Sie die Geschichte Ihrer Liebesbeziehung mit allen Schwierigkeiten und Hoffnungen begreifen, damit Sie die richtige Diagnose für Ihre Liebe und die passenden Schritte zur Heilung der Beziehung finden können.

Lebst du zu zweit; lebst du allein
Der Mittelweg wird wohl das richtige sein.

Kurt Tucholsky

So löst man den Nähe-Distanz-Konflikt

Es gibt einen Bauplan der Liebe, der eingehalten werden muss, damit eine belastungsfähige Nähe entsteht. Oft zeigen sich nach vielen Jahren Risse in der Partnerschaft, die mit dem Fundament der Liebe zusammenhängen. Dies Fundament entsteht in den Anfangsstürmen der Verliebtheit. Es muss tragfähig genug sein, um den späteren Belastungsproben standzuhalten. Und zunächst ist die Frage, ob die Liebe genug Bindekraft erzeugt, damit wirklich ein gutes Fundament entsteht. Dieser Klebstoff der Liebe bildet sich durch das wechselseitige Interesse. Können Sie sich noch an diese Anfangszeit der Liebe erinnern? Sie dachten ständig an diesen Mann, wollten ihn wirklich kennenlernen und stellten viele Fragen. Wichtig ist in dieser Phase das Gespräch, und so entsteht eine immer intensivere Nähe. Schließlich geht es darum, dass uns ein fremder Mensch vertraut wird – das ist der Brückenschlag der Nähe. Wir bemühen uns – nach den Worten von Alfred Adler – mit den Augen des anderen zu sehen, seinen Ohren zu hören und seinem Herzen zu fühlen. Also reden wir ununterbrochen. Wir teilen uns mit, was wir für den anderen empfinden, was wir mögen, ablehnen, wie die Kindheit war, was wir gern essen. Selbst die Lieblingslieder, die Lieblingsfilme, die Lieblingsliteratur werden erörtert. Und so bekommt jeder langsam einen Einblick in die innere Welt des anderen. Und wenn wir Glück haben, lässt uns der andere auch in jene seelischen Räume hinein, die sonst der Außenwelt verschlossen bleiben. Dann sind wir dem anderen innerlich so nahe, dass wir genau empfinden, was er denkt und fühlt. Der russische Schriftsteller Tolstoi hat diese Fähigkeit in ›Anna Karenina‹ einmal wunderbar beschrieben. Der schüchterne Lewin ist in die junge Kitty verliebt und gibt ihr ein Rätsel auf, indem er die Anfangsbuchstaben schreibt: A.S.m.a.d.k.n.s.m. b.d.n.o.n.d? Und Kitty errät seine Gedanken und weiß, dass er sagen wollte: »Als Sie mir antworteten: das kann nicht sein, bedeutete das niemals oder nur damals?«

Nun ist es wirklich ein Wunder, wenn wir einen anderen Menschen so gut verstehen. Denn dann schauen wir hinter seine Fassade, kennen sein Innenleben. Doch das ist selten. Meist verstecken wir uns, teilen anderen kaum mit, welche Ängste wir haben, wofür wir uns im Leben geschämt haben, wo wir uns minderwertig fühlen. Doch in einer Liebesbeziehung zieht man nicht nur seine Kleidung aus. Man entblößt sich auch seelisch, indem man dem anderen seine Geheimnisse mitteilt. Viele Frauen haben mir gesagt, dies sei für sie schwieriger und auch wichtiger gewesen als die sexuelle Begegnung. »Ich habe mich vor manchem Mann ausgezogen und war mir sicher: das gefällt ihm. Aber als ich meinem jetzigen Mann beichtete, wie unsicher ich mich manchmal fühle, dass mein Vater arbeitslos ist und manchmal zu viel trinkt – das war schwer. Ich habe mich immer für meine Herkunft geschämt und hatte so eine verrückte Phantasie, dass er mich dann verlässt«, – so die 48-jährige Lehrerin.

Bruchstelle 1: Der Partner als Objekt

Seien Sie skeptisch, wenn Ihr Partner nur wenige Fragen stellt, sich kaum für Ihr Leben interessiert oder wenig aus dem eigenen Leben erzählt. Es könnte ein Hinweis darauf sein, dass er eine große Angst vor Nähe hat und die Beziehung nur beginnt, weil er eine Familie gründen will, weil er versorgt sein möchte oder nicht allein sein will. Dabei geht es nicht um ihre Person, Sie selbst sind austauschbar. Solche Beziehungen haben deshalb eine Bruchstelle. Wenn Sie Ihrer Aufgabe nicht nachkommen (und z.B. den Partner nicht versorgen) wird er sich trennen.

Das gegenseitige Interesse ist also entscheidend für den Aufbau der Nähe. Doch man muss nicht alles erfragen, auch nicht alles mitteilen. Es überfordert den anderen, wenn wir ihm rückhaltlos sagen, wie viele Liebesverhältnisse wir schon hatten, dass wir oft Minderwertigkeitsgefühle empfinden, immer unter Schuldgefühlen leiden. Natürlich sollten wir darüber reden, aber dennoch beachten: Der Partner ist kein Psychotherapeut, will auch bewundern und respektieren, und dies ist schwierig, wenn man plötzlich nur noch die Schattenseiten verarbeiten muss. Das erfuhr auch der Schriftsteller Tolstoi, der seiner Frau vor der Heirat seine Tagebücher zum Lesen gab. Sie war schockiert – heiratete ihn aber trotzdem. Und in der Ehe gab es dann den unsäglichen Brauch, dass beide ihre Tagebücher austauschen wollten. Sophia Tolstoi hielt sich an diesen Brauch – was immer wieder heftige Spannungen auslöste.

Bruchstelle 2: Die Stufenfolge der Nähe

Bereits am Beginn einer Beziehung gibt es den Konflikt zwischen den eigenen leidenschaftlichen Bedürfnissen und den Bedürfnissen des Umworbenen. Und Sie spüren vom ersten Tage an, ob der zukünftige Partner ein Gespür für Ihre Distanzwünsche hat und die Spielregeln der Nähe respektiert. Dazu gehört für die meisten Frauen, dass die Nähe im Gespräch die Voraussetzung dafür ist, dass dann auch die körperliche Nähe gesucht wird. Fast immer haben Frauen einen sehr genauen Stufenplan der Nähe: Erst das Kennenlernen und Reden, dann Kino, wieder reden, Essen gehen, erste Liebeserklärung und dann … erste Berührungen und dann das Küssen und das Bett. Männer neigen meist dazu, bei den körperlichen Berührungen etwas zu schnell vorzugehen. »Er massierte mein Knie im Kino, dabei kannten wir uns kaum«, beschwerte sich eine junge Büroangestellte. Sie war durchaus bereit, ihn zu küssen, mit ihm eine erotische Nacht zu verbringen, aber sie wollte ihn vorher genauer kennenlernen. Die meisten Frauen wollen eine feste Beziehung und keine einmalige Nacht.

Und diese Stufenfolge der Nähe ist auch in der späteren Partnerschaft wichtig. Ein Mann muss wissen, dass er erst eine gute Atmosphäre der Nähe herstellen muss, damit Erotik entsteht, und auch hier ist zu viel ›Direktheit‹ eher störend.

Bruchstelle 3: Ungeduld

Aber auch wenn man miteinander schläft, ist für die meisten Frauen Geduld und Einfühlung wichtiger als die Leidenschaft. Zwar träumen Frauen gelegentlich vom feurigen Liebhaber. Aber die Realität sieht meist anders aus, denn die erotische Begegnung ist für sie fast immer ein wenig angstbesetzt. Es geht ja nicht nur darum, dass wir dem anderen körperlich nahe kommen. Vielmehr endet mit der Sexualität das Liebeswerben, es beginnt die Partnerschaft. Die meisten Menschen sind überzeugt, dass das Miteinander-Schlafen das Symbol für die Aussage ist: Nun sind wir ein Paar. Und damit beginnt auch eine andere Ebene intimer Nähe. Und bei dieser Begegnung ist vor allem Geduld erforderlich. Es kommt in jeder Stufe der Annäherung darauf an, dass man sich auf das richtige Tempo einigen kann. Wie kompliziert ein solcher Prozess der Annäherung sein kann, zeigt das Leben von Rudi Dutschke. Er lernte zu Beginn der Studentenbewegung die in Amerika lebende Gretchen Klotz in einem Berliner Café kennen. Diese verliebte sich in ihn, doch er teilte ihr mit, sie müsse warten und zunächst nach Amerika zurückfahren. Erst nach acht Monaten lud er sie ein und sie kam. Sie hatte seine Distanz-Botschaft verstanden, ließ sich zunächst in Hamburg nieder und besuchte nun alle 14 Tage den in Berlin lebenden Rudi Dutschke. Doch die Flüge zwischen Berlin und Hamburg wurden allmählich zu teuer und so zog sie schließlich nach Berlin, wo sie Rudi Dutschke heiratete. Die Ehe hielt 13 Jahre und wurde erst durch den frühen Tod Dutschkes beendet.

Bruchstelle 4: Verbindlichkeit

Nun stehen schon einige Grundmauern, aber es fehlt noch die Kellerdecke, und es gibt durchaus Beziehungen, die in dieser Entwicklungsstufe steckenbleiben. Es sind unvollendete Beziehungen: Nichts Halbes und nichts Ganzes – klagte eine junge Schriftstellerin: »Wir sind zwar richtig zusammen, schlafen miteinander, aber er bezeichnet die Beziehung noch immer als Freundschaft. Manchmal meldet er sich tagelang nicht … ich habe immer das Gefühl, ihm hinterherzulaufen …« Schließlich fangen Sie an, diesem Mann Vorwürfe zu machen, es beginnt ein Teufelskreis, er zieht sich noch mehr zurück, Sie drängeln noch mehr. Sie sind offenbar an einen Mann mit einer Bindungsschwäche geraten. In diesen Beziehungen fehlt die Verbindlichkeit in Hinblick auf die Zukunft. Solche Männer können durchaus leidenschaftlich sein, aber Sie wissen nie, ob das morgen oder übermorgen auch so sein wird. Dabei hätten Sie auch bei dieser Wahl gewarnt sein können:

- er ist älter als 45 Jahre und keine Beziehung dauerte länger als drei Jahre
- er hat immer Beziehungen mit Partnerinnen begonnen, die weit entfernt wohnten …

Allerdings kann eine Beziehung mit einem bindungsschwachen Mann am Anfang durchaus euphorisch sein. Auch er ist auf Nähe angewiesen und oft sehr romantisch und einfühlsam. Dann jedoch fühlt er sich bedrängt, und nun beginnt ein

Drama. Sie wird immer unruhiger und bestimmender, er zieht sich immer mehr zurück. Nun müsste sie aus diesem Teufelskreis aussteigen. Doch wie soll man eine solche Beziehung beenden, wenn man verliebt ist und den Mann begehrt? Eine 53-jährige Architektin begann deshalb einen Seitensprung. Sie holte sich die Anerkennung, die sie von ihrem Partner nicht erhielt, woanders, war dadurch emotional gesättigter, ausgeglichener. Und allmählich näherte sich dann der Partner, der sich weniger bedrängt fühlte, etwas stärker an. Der Seitensprung war überflüssig geworden.

Nun sollten wir die Ängste vor einer verbindlichen Beziehung zunächst nicht überbewerten. Fast jeder kennt diese Ängste, denn wir sehnen uns nach der großen Liebe und bekommen doch einen Schreck, wenn wir spüren, dass die Beziehung verbindlich wird. Denn dies bedeutet nicht nur, dass uns andere Möglichkeiten entgehen. Vielmehr gehen wir mit einer festen Bindung auch emotionale Verpflichtungen ein, und entsprechende Kindheitsmuster werden lebendig. Stellen Sie sich einmal vor, Sie fühlten sich als Mann von Ihrer Mutter bedrängt, diese stellte Ihnen immer viele persönliche Fragen, die Sie nicht beantworten wollten. Und es gab auch viele Tränen, als Sie mit 22 Jahren ausziehen wollten. Wir können dann eine neue Bindung so empfinden, als wären wir gefangen. Vor allem Männer kennen diese Ängste vor einer festen Bindung – insbesondere der Heirat. Sie schrecken vor diesem endgültigen Schritt zunächst zurück und wagen ihn schließlich doch. Ein 33-jähriger Schriftsteller erklärte mir: »Ich denke am Beginn einer Beziehung immer: Wie komme ich aus dieser Nummer wieder raus. Sonst fühle ich mich wie in einem Gefängnis. Die beruhigenden Worte ›ich verlasse dich nie‹ sind für mich eine Kampfansage. Wenn man mir sagt, das sei eine lebenslängliche Beziehung – bekomme ich einen Würgereiz und bin weg.«

Nun mag die Angst vor Nähe oft verständlich sein. Aber wir müssen eines bedenken: Die Nähe ist der Kitt der Beziehung, es ist der Mörtel einer Partnerschaft. Ist die Nähe zu gering, dann wird die Beziehung in einer Belastungssituation scheitern. Sie geht meist dann auseinander, wenn wir am stärksten auf den Partner angewiesen sind.

Bruchstelle 5: In guten und in schlechten Zeiten?

Es gibt Entscheidungen, die sich in einer Partnerschaft entwickeln müssen. Dazu zählt vor allem das Thema Heiraten. Dennoch ist es bereits am Anfang wichtig, dass hierbei zumindest eine Grundübereinstimmung besteht. Es ist verhängnisvoll, wenn Sie unbedingt heiraten wollen und der Partner eine panische Angst davor hat. Denn dies weist auf einen tiefen Riss hinsichtlich der gemeinsamen Auffassung von Nähe und Distanz hin. Nun sagt eine Heirat noch nichts über die Qualität einer Beziehung aus. Mit Recht sagen viele Paare, dass sich durch eine Heirat eine Beziehung auch negativ verändern kann. Sie haben Angst, dass man sich weniger um den anderen bemüht, wenn man ihm die lebenslange Treue versprochen hat. Diese Befürchtungen sind nicht ganz unberechtigt, da die Sexualquote verheirateter Paare sinkt. Und mir berichteten immer wieder Paare, dass sich ihr Zusammenleben nach der Hochzeit negativ verändert habe.

Tatsächlich stellt manchmal der distanzierte und auch bequeme Partner nach der Hochzeit alle Bemühungen ein. Dennoch ist es wichtig, dass man sich eine gemeinsame Lebensperspektive erarbeitet. Es ist immer problematisch, wenn man in einer Beziehung quasi in den Tag hinein lebt und der Frage der gemeinsamen Zukunft ausweicht. Und hierzu gehört immer auch die Frage nach einer Hochzeit. Hier gibt man sich das Versprechen, nicht nur in guten, sondern auch in schlechten Zeiten füreinander da zu sein. Wenn man ein solches Heiratsversprechen – aus welchen Gründen auch immer – ablehnt, sollte man ein anderes Ritual finden, um sich ein

Zukunftsversprechen zu geben. Und man sollte sich vorher darüber intensiv unterhalten: Was machen wir, wenn einer von uns sehr krank oder arbeitslos wird. Wäre man dann bereit, nach dem biblischen Vers zu leben: Einer trage des anderen Last? Nur diese Überzeugung kann zu einer verlässlichen Nähe führen. Sonst handelt es sich doch um eine Schönwetterbeziehung. Man weiß, dass diese Nähe jederzeit gefährdet ist und beendet werden kann, wenn eine Belastungssituation kommt. Insofern wäre es wichtig, dass man im Rahmen einer kleinen Feier eine solche Zukunftsvereinbarung trifft. Und es stellt sich die Frage, ob ein Ausweichen vor dieser Verbindlichkeit nicht auf eine große Angst vor Nähe hinweist. Dann wird man eher Empfindungen haben wie Petra, die in ›Guten Morgen, du Schöne‹ schreibt: »Die Ehe empfinde ich als Versicherungsinstitut, als Pension oder Friedhof, je nachdem. Ich fühle mich zufriedener, wenn ich weiß, ich bin allein und muss stark sein. In dem Moment, wo ich einen Mann habe, werde ich bequem. Dann komm ich in den Trott wie alle anderen, dann bin ich geliefert.«[2]

Bruchstelle 6: Der gemeinsame soziale Kreis

Sie haben nun gemeinsam alle Ängste vor einer Bindung überwunden. Sie haben den unsichtbaren Vertrag der Liebe unterschrieben. Denn nun muss man sich nicht mehr immer neu verabreden, meist ist klar, dass man die Wochenenden miteinander verbringt. Fast immer gehen beide davon aus, dass man treu ist, weil man zusammengehört. Und dies wird jetzt auch nach außen dokumentiert. Nun stellt man sie bzw. ihn auch im Freundeskreis vor, was für die Beziehung durchaus von großer Bedeutung ist. Denn es ist wichtig, dass die Freunde diese Wahl bestätigen, dass sich der Partner auch in den Freundeskreis integrieren kann. Und nach einigen Monaten wird man im Allgemeinen den neuen Partner auch den eigenen Eltern vorstellen. Und auch dies ist ein Schritt, der meist mit viel Aufregung verbunden ist. Wie werden meine Eltern die neue Beziehung finden? Werden sie mit meiner Wahl einverstanden sein? Und wie wird mein Partner damit umgehen, dass meine Eltern gelegentlich etwas merkwürdig sind?

Die Eltern kennen schließlich den neuen Partner, man verbringt Weihnachten miteinander und spätestens jetzt sprechen Sie von meinem Mann bzw. meinem Partner. Man drückt auch sprachlich aus, dass man zusammengehört. Doch nicht jeder wagt diesen Schritt der Nähe. Vor einiger Zeit sagte mir eine Patientin, sie wolle nicht, dass ihr Partner einen festen Platz in ihrem Freundeskreis habe. »Das wäre mir zu eng«, war ihr Kommentar. Die Beziehung ging bald darauf auseinander.

Der erste Konflikt: Das Bedürfnis nach Eigenständigkeit ausleben

Sie haben die sechs Schritte der Nähe bewältigt, nun leben Sie in einer Partnerschaft und der Alltag der Beziehung beginnt. Sie haben sich füreinander entschieden, keiner muss mehr um den anderen kämpfen, und dies lässt auch die alten Ambivalenzen aktiv werden. Ein Partner hat meist größere Vorbehalte und Zweifel. Diese sind während des Werbungsprozesses geringer gewesen. Während dieser Zeit standen mehr die Ängste (»Bekomme ich sie?«) und der Eroberungswunsch (»Sie muss die meine werden.«) im Vordergrund. Es ist wie mit einer Blockhütte im Herbst: Solange man das Holz schlagen muss und der Sturm um die Hütte streicht, ist man so beschäftigt und abgelenkt, dass man das Knarren der Balken nicht hört. Doch in den langen stillen Winternächten achtet man plötzlich auf die leisen Geräusche, die man vorher überhaupt nicht beachtet hat. Und so ist es auch mit der Liebe. Kaum ist man wirklich zusammen, melden sich wieder Zweifel und Vorbehalte. Das erlebte auch einer meiner männlichen Patienten. Der 50-jährige Werkzeugmacher hatte monatelang um eine Frau geworben, die er im Sportverein kennengelernt hatte. Jeden Tag schickte er ihr eine SMS und ertrug es fast nicht, als sie in den Urlaub fuhr. Er sprach nur noch von ihr und war überzeugt, dass sie sein Glück auf Erden sei. Und glücklich war er auch, als sie sich für ihn entschied. Jedenfalls für einige Wochen. Sie hielt sich gern bei ihm auf, sie verbrachten viel Zeit miteinander. Doch dann kamen die ersten Vorbehalte, sie sei ja sehr nett und auch anschmiegsam, aber ein wenig schüchtern. Und er wollte mehr allein sein, wollte mehr Zeit mit Freunden verbringen. Er hielt dies für ein Zeichen dafür, dass er sie nicht lieben würde. Ich dagegen hielt es für ein normales Bedürfnis nach Eigenständigkeit und riet ihm, auch zwei Abende in der Woche allein bzw. mit seinen Freunden zu verbringen. Und es war tatsächlich so – als er wieder mehr Abstand einlegte, sich dem eigenen Leben zuwandte, tauchte seine Sehnsucht wieder auf.

Näheregel 1: Das Gummiband

Es ist durchaus normal, wenn sich der Partner nach der Liebesphase ein wenig zurückzieht. Nach der Verschmelzung tritt unweigerlich eine Separationsphase ein. Normalerweise muss die Partnerin dann nicht viel tun. Sie muss nur die Kraft haben abzuwarten. Wenn sie die Ruhe bewahrt, wird er sich wieder annähern. Und es wird förderlich sein, wenn auch sie gelegentlich etwas allein unternimmt und sich mit Freundinnen trifft. Das ist das bewährte Gummibandprinzip. Wenn sie sich etwas zurückzieht, steigt die Spannung in der Beziehung, er bekommt wieder Sehnsucht. Auf diese Weise bleibt eine Beziehung lebendig. Es gibt zwar in jeder Beziehung einen Nähesuchenden und einen etwas distanzierteren Partner, aber solange die Beziehung lebt, findet immer wieder ein Ausgleich statt – wenn keiner eine massive Nähe-Distanz-Problematik aufweist.

Allerdings besteht in jeder Partnerschaft immer ein Problem. Die Nähewünsche des Partners kann man oft noch ganz gut erkennen. Aber die Distanzwünsche erkennt man oft nicht. Denn Distanzbedürfnisse teilt der Partner nicht so deutlich mit wie Nähewünsche. Wenn wir Nähe herstellen wollen, unternehmen wir meist etwas: Wir reden, berühren den Partner, oder wir bemühen uns um ihn, indem wir für ihn kochen. Doch wenn wir Abstand suchen, sind unsere Kommunikationszeichen sehr viel schwerer zu entziffern. Meist sagen wir nicht offen, dass wir unsere Ruhe brauchen. Nur in sehr kleinen, unscheinbaren Botschaften signalisieren wir, dass wir in Ruhe gelassen werden wollen. Die meisten Menschen reden dann weniger, werden wortkarg. Und sie senden fast unsichtbare körperliche Signale aus. Man zieht die Augenbraue hoch, wirkt etwas verkrampfter, angespannter, steckt die Hände in die Hosentasche. Diese Körpersprache müssen wir erlernen, wir müssen sie vor allem ernst nehmen, wenn wir auf die Distanzsignale des Partners eingehen wollen. Denn fast immer besteht ein Konflikt: Die Distanzwünsche des Partners entsprechen oft nicht unseren Nähebedürfnissen. Klassisch ist folgende Situation: Sie ist zuhause, kümmert sich um die Kinder und freut sich darauf, endlich mit ihrem Mann zu reden, wenn dieser nach Hause kommt. Doch er will nach einer anstrengenden Autofahrt erst einmal entspannen, setzt sich vor den Fernseher und will abschalten. Sie können sich vorstellen, wie diese Situation endet: Sie redet, er zieht sich immer mehr in sich zurück, ist schlecht gelaunt, treibt sie in die Flucht. Aber abends bekommt er dann von ihr den Vorwurf zu hören: »Nie redest du mit mir, interessierst du dich überhaupt für mich?«

Näheregel 2: Die Grundgesetze der Nähe

Es gibt ein wichtiges Grundgesetz der Nähe: Nur wenn wir dem Partner die von ihm gewünschte Distanz ermöglichen, entsteht Nähe. Doch zugleich gilt: Wenn wir dem anderen Nähe geben, kann dieser loslassen, auch in Ruhe seinen eigenen Weg gehen. Sie können das bei Kindern gut beobachten. Gehen Sie einmal auf einen Spielplatz. Die Kinder kommen zur Mutter, stellen Beziehung her und dann rennen sie wieder zur Buddelkiste, spielen intensiv und selbstvergessen und wenn sie sich genug ausgetobt haben, kommen sie wieder zur Mutter zurück. Dieser intensive Wechsel von Nähe und Distanz ist kennzeichnend für die gesamte Kindheit. Aber auch lebendige Partnerschaften sind von diesem Schwingen zwischen Nähe und Distanz geprägt. Nur in unlebendigen Partnerschaften kommt es zu einem Stocken dieses Prozesses. Die Beziehung atmet dann nicht mehr. Dieser Tod einer Beziehung geschieht allerdings so unmerklich, so unspektakulär, dass wir ihn als einen ganz normalen Vorgang ansehen. Dies sei immer so und wäre nach einigen Jahren normal – meinen wir und verkennen, dass hier der Nähe-Distanz-Vorgang völlig entgleist ist. Umso wichtiger ist es, dass Pearl Buck für uns in dem Roman ›Die große Liebe‹ die Sprache von Nähe und Distanz übersetzt. Die hübsche und eigenwillige Margaret ist so glücklich darüber, dass sie Robert heiraten wird, dass sie sich an ihn schmiegt und ihn küsst. Doch er musste diesen Kuss unterbrechen. »Er zitterte vor der Macht, die sie über ihn hatte. Ihre Lippen, an die seinen gepresst, setzten sein Blut in Brand, und seine Glieder schmolzen. Er wehrte sich gegen solch eine Selbstaufgabe. Irgendwo in ihm musste, wenn er der Herr über sein Leben sein wollte, ein Ort übrig bleiben, wo er allein war und alles, was er besaß, überwachen konnte, selbst sie.«[3] Und sie konnte seine Zurückhaltung verstehen. Denn sie selbst war bemüht sie selbst zu bleiben. Als sie sich anziehen wollte, fragte sie zunächst, was sie anziehen solle.

Doch dann korrigierte sie sich und meinte: »Nein, sag nichts – ich muss ich selber bleiben.«

Näheregel 3: Wir müssen den anderen verstehen

Offenbar kann eine große, intensive Nähe auch Ängste auslösen. Daher ist es wichtig, dass wir immer wieder unser inneres Gleichgewicht finden und uns nicht im anderen verlieren. Selbstfindung und Hingabe gehören wie bei einer Wippe immer zusammen. Darum ist ein ständiger Wechsel von Distanz und Nähe normal. Doch für den Partner kann dies sehr irritierend sein, wenn er nicht versteht, was im anderen vorgeht. Das gelingt oft nur, wenn wir fast dessen Gedanken lesen können und seine Körpersprache entschlüsseln, wenn wir seine unbewussten Botschaften begreifen. Wir müssen seine Gefühle mithilfe unserer emotionalen Intelligenz erspüren. Anders ausgedrückt: Wir müssen den anderen verstehen. Doch dies ist mitunter schwierig. Denn wir müssen erahnen, wie der andere fühlt und müssen gleichzeitig die eigenen Bedürfnisse aufrechterhalten. Die Realität des anderen erspüren und sogar akzeptieren und trotzdem der Kraft der eigenen Wünsche vertrauen – das ist das Geheimnis einer kraftvollen Liebe. Und auf diese Weise gelingt Nähe – auch wenn es mitunter schwierig ist. So ist dem Paar in dem Roman von Pearl Buck ›mulmig‹, wenn sie daran denken zu heiraten und nun ihr gesamtes Leben zu teilen. Margaret spricht dies jedoch aus und meint, es gäbe nur ein Mittel, wenn man Angst vor einander habe, und dies sei Nähe. Und sie drückt ihn fest an sich, denn einander näherzukommen, das sei die Antwort. Aber dies fiel ihm schwer. Er »musste immer daran denken, sich nicht zu distanzieren. Wenn er sich entfernt fühlte, dann musste er sich zwingen, näherzukommen, und in der Nähe würde es keine Distanz mehr geben. Das würde einige Willenskraft erfordern, mochte er sie noch so aufrichtig lieben.« Man spürt, wie viel Angst vor Nähe dieser Mann hat. Und man ahnt: Mit Willensanstrengung allein lässt sich Nähe kaum herstellen. Hier geht es mehr um Vertrauen und um eine positive innere Einstellung zur Nähe. Aber vielleicht kann man das lernen? Jedenfalls flüstert Margaret an seiner Brust: »Zwei müssen sich daran gewöhnen, eins zu sein.« Er stimmt dem zu, sagt ›ja‹, spürt dann aber doch, dass diese eine Silbe zu wenig ist und bekennt dann: »Du wirst mich lehren müssen zu sprechen. Ich lebe so viel im Schweigen.«

Aber Robert muss nicht nur lernen, Nähe herzustellen und leidenschaftlich zu sein. Er muss auch lernen, Margaret in Ruhe zu lassen. Manchmal hätte er sie gern umarmt, aber es gab Situationen, in denen er spürte, dass er sie nicht anrühren durfte. Er wusste, dass seine Leidenschaft für sie auch ein Käfig sein konnte. So hatte er »gelernt, sie freizugeben, bevor sie sich selber aus seinen Armen löste. Ach, wie viel hatte seine Liebe gelernt! Früher, in den ersten Zeiten ihrer Ehe, hatte es ihn gekränkt, wenn sie sich so rasch von ihm frei machte. Er wollte, alles solle ewig dauern. Jetzt wusste er, dass alles für sie zu einem Käfig werden konnte, selbst seine Liebe.«

Näheregel 4: Eigenständigkeit – der soziale Handlungsspielraum

Aber es reicht nicht aus, dass wir die Nähe- und Distanzwünsche des anderen erkennen. Wir müssen sie ja auch akzeptieren und das ist nur möglich, wenn wir über einen sozialen Handlungsspielraum verfügen. Wir dürfen nicht zu sehr auf den Partner angewiesen sein, sonst drängen wir ihm immer unsere Wünsche auf. Sie sollten also eigene Freundschaften pflegen, und es wäre gut, wenn es Ihnen Spaß macht, auch einmal allein zu sein. Vor allem Männern fehlt diese Handlungsfähigkeit, weil Sie nur selten über Freundschaften verfügen. Nur $^{1}/_{3}$ aller Männer haben einen besten Freund. Die Partnerin ist dann nicht nur Geliebte, sie soll ihn auch beraten, sie ist die einzige, bei der er sich wirklich aussprechen kann. Demgegenüber haben $^{2}/_{3}$ aller Frauen eine beste Freundin, der sie alles mitteilen können, die auch in Krisenzeiten zu ihnen steht. Doch auch Frauenfreundschaften kriseln in der Verliebtheitsphase, weil dann nur 50 Prozent der Frauen an der besten Freundin festhalten. Alle anderen vernachlässigen in dieser Zeit ihre Freundschaften. Der Mann ist für sie dann wirklich alles, doch diese Haltung ist problematisch. Die Frauen machen sich zu sehr von dem Mann, in den sie seit 14 Tagen verliebt sind, abhängig. Sie riskieren damit nicht nur eine ständige emotionale Berg- und Talfahrt, sondern bedrängen auch die freiheitsliebenden Männer, die sich oft schon von ihren Müttern eingeengt fühlten.

Näheregel 5: Die Anerkennungsbilanz

Doch man muss nicht nur in seinen sozialen Bedürfnissen unabhängig sein. Bei der gesamten Näheproblematik geht es immer auch um die Frage: Wo bekomme ich mein Selbstwertgefühl her? Viele Menschen brauchen regelmäßig Anerkennung und Zuwendung von der geliebten Person, sonst ist ihre innere Batterie irgendwann leer. Insofern wäre es für sie wichtig, dass sie sich auch außerhalb der Partnerschaft Anerkennung holen können. Fragen Sie einmal Freunde, wie diese Ihre drei positivsten Eigenschaften beschreiben können. Sie werden überrascht sein, wie viel Anerkennung Sie bekommen. Und überlegen Sie auch, durch welche Lebensprojekte, durch welche Aktivitäten Sie das Selbstwertgefühl stabilisieren können. Und stellen Sie sich die Frage, ob Sie nicht auf vieles in ihrem Leben stolz sein können?

Die Näheregel 6: Die eigenen Schwachpunkte kennen

Sie haben einen eigenen Freundeskreis, verfügen über ein halbwegs solides Selbstbewusstsein und Sie haben eigene Lebensziele. Dann sind Sie auch in der Lage, souveräner mit den Distanzwünschen des Partners umzugehen. Allerdings müssen Sie dann auch noch Ihre seelischen Schwachpunkte kennen lernen. Sonst geht es Ihnen wie dem Ehepaar, das immer wieder ähnliche Konflikte erlebt: Er sitzt vor dem Computer und starrt auf den Bildschirm. Aber es ist Sonntagabend (also Partnerschaftszeit) und sie will, dass er sich ihr zuwendet. »Warum redest du nicht mit mir? – fragt sie ihn mit kaum unterdrückter Aggression. »Weil ich völlig erschöpft bin und mal meine Ruhe brauche«, lautet die Antwort. Er hatte eine bedrängende Mutter, identifizierte sich mit dem reservierten Vater und beschließt, in Zukunft mehr Zeit in seiner eigenen Wohnung zu verbringen. Nun spürt seine Partnerin durchaus, dass er sich wieder auf dem Rückzug befindet. Sie weiß, dass er gelegentlich eine ›Fluchttendenz‹ hat. Dennoch kann sie nicht aufhören zu drängeln, denn sie ist empfindlich, wenn sie die ungeteilte Zuwendung nicht bekommt. Sie war die Älteste und wurde entthront, als sie vier Jahre alt war. Ihr Bruder stand nun im Mittelpunkt der mütterlichen Fürsorge, sie fühlte sich immer mehr zum Vater hingezogen. Doch bald darauf trennten sich die Eltern, nach einigen Jahren starb der Vater. Insofern war ihr Leben immer davon geprägt, dass sie zunächst im Mittelpunkt stand, dass dann aber die Beziehungspersonen nicht verlässlich waren. Deshalb kann sie heutzutage nicht ruhig mit seiner Distanz umgehen. Und dies wäre durchaus möglich, wenn sie ihn etwas in Ruhe lässt und dann humorvoll auf ihn zugeht. Wobei anzumerken wäre, dass dies in einer Partnerschaft immer schwierig ist. Ein distanzierter Partner bringt uns gelegentlich an die Grenzen unserer Geduld.

Die Näheregel 7: Die Werbungsoffensive

Sie haben Geduld und Humor, Sie kennen sich genügend und wissen, auf welches Nähe- bzw. Distanzverhalten Sie fast panisch reagieren? Das ist sicher nicht leicht. Wilhelm Busch hat einmal gefragt, was am schwersten zu erreichen sei. Und die Antwort lautete: Dass man sich selbst auf die Schliche kommt. Sie kennen also die eigenen Schwachstellen, haben genügend Freunde und konnten so eine gewisse Handlungsfähigkeit gewinnen. Dann liegt es nahe, dass Sie Ihre Nähewünsche realisieren, indem Sie die häufigste Nähestrategie anwenden: Sie werben um den Partner, Sie kochen sein Lieblingsessen, massieren seinen Rücken und vor allem: Sie hören ihm zu. Ein solches Werbeverhalten ist oft erfolgreich. Aber eben nicht immer. Deshalb müssen Sie regelmäßig eine Erfolgskontrolle vornehmen. Es kann sein, dass sich der Distanzierte gern umwerben lässt, aber nicht im Traum daran denkt, tatsächlich mehr Nähe herzustellen. Er bekommt eher Distanzgefühle, weil er den Eindruck gewinnt, dass sich die Partnerin damit ›unter Wert verkauft‹. Ihm wäre es lieber, die Partnerin würde sich rar machen, würde damit auch ihren eigenen Wert ausdrücken. Es entsteht eben nicht unbedingt Nähe, wenn man ständig auf die Wünsche des anderen eingeht. Ich kenne einen jungen Mann, der regelrecht Radarantennen hat. Er bringt seiner Partnerin rote Rosen mit, kocht ihr die Lieblingsspeisen, verwöhnt sie von morgens bis abends. Und sie liebt ihn nicht. Es fehlt die Spannung in der Beziehung. Es fehlt die Distanz, die dazu führt, dass sie auch einmal um ihn werben muss. Allerdings ist es für den Werbenden oft schwierig, sich zurückzuziehen. Das gelingt ihm oft erst dann, wenn er alle Hoffnungen aufgegeben hat. Das ist dramatisch, denn der Distanzierte kann oft erst dann Nähe herstellen, wenn er keinen Druck, keine Erwartungen mehr spürt. Solange er lieb umworben wird, fühlt er sich bedrängt. Eine relativ distanzierte Architektin, die sehr eigenständig und selbstbewusst ist, sagte mir empört: »Wenn er dann immer wieder ankam und sich beschwerte und dann immer so ein trauriges ›Ich liebe dich doch‹ aus seinen Lippen perlte, empfand ich ihn wie einen traurigen Dackel, der an mir hochsprang und immer wieder Männchen machte. Das imponiert nicht, da empfinde ich doch keine Sehnsucht, sondern fühlte mich bedrängt.«

Näheregel 8: Sehnsucht auslösen

Der Distanzierte fühlt sich auf die Dauer in seiner Rolle nicht wohl. Er spürt, dass er mehr Nähe geben soll, vernimmt den kaum zu überhörenden Vorwurf und bekommt Schuldgefühle. Doch Schuldgefühle lösen kaum das Bedürfnis nach Nähe aus. Der Distanzierte weiß ja selbst, dass er zu wenig Nähe herstellt. Er hat oft selbst den Eindruck, dass sein Verhalten gestört ist. Deshalb ist er froh, wenn ein Rollenwechsel stattfindet, wenn er einmal Sehnsucht hat: »Du bist so weit weg, ich habe solche Sehnsucht … das ist so schön, ein so schönes Gefühl, wenn du weit weg bist …« schrieb eine Ehefrau einmal an ihren Mann. Der verstand dies allerdings nicht, er hätte lieber von ihr gehört, dass sie sich freut, wenn er da ist. Doch manchmal ist es wirklich schön, sich nach dem anderen zu sehnen. Wenn man sich immer bedrängt fühlt, entwickelt man eher Fluchtgedanken. Man wird in vielen Situationen zum skeptischen Zuschauer, der nirgends recht dabei ist. Dieser findet zunehmend negative Eigenschaften an der Partnerin, so dass der Rückzug für ihn immer folgerichtiger wird. Das spürt natürlich die Nähesuchende und wird zunehmend unsicherer. Sie ist für ihn nicht mehr so attraktiv wie am Anfang der Beziehung. Das ist ihr durchaus bewusst. Umso schmerzlicher ist für sie die Ahnung, dass hinter seiner Distanz auch eine massive Ablehnung steckt. Abends hat er sich bisher immer rübergebeugt, hat sie geküsst, jetzt greift er nach seiner

Autozeitschrift und interessiert sich für die neuen Geländewagen mehr als für sie. Und anstelle des ›Schlaf schön mein geliebter Engel‹ bringt er es gerade noch zu einem ›Schlaf schön – bis morgen‹. Jetzt gilt es abzuwarten, sich nicht aufzudrängen. Dadurch teilen Sie ihm mit, was Sie sich wert sind. Schon das Abwarten ist eine selbstbewusste Botschaft. Sie drücken damit aus: Ich bin nicht zum Nulltarif zu haben.

Näheregel 9: Vermitteln Sie nicht zu viel Sicherheit

Letztlich geht es bei dem Thema Nähe immer auch um die Frage, wie viel Sicherheit wir dem Partner vermitteln. Eine gewisse Sicherheit ist natürlich für die Liebesbeziehung wichtig. Wir müssen dem Partner zeigen, dass wir für ihn da sind, dass er sich auf uns verlassen kann. Doch zu viel Sicherheit, zu viel Harmonie führt dazu, dass die ganze Beziehung träge wird. Dann entsteht eine Partnerschaftswippe: Der Distanzierte hat häufig Trennungsphantasien, der Nähesuchende hat Angst vor einer Trennung. Es wäre wichtig, dass sich diese Wippe umkehrt. Dann würde sich der Nähesuchende vor allem für sich selbst entscheiden. Er würde auch zu seiner Enttäuschung, zu seinen Wünschen, Affekten stehen, seinen eigenen Weg gehen. Und ein solches selbstbewusstes Verhalten ist am ehesten geeignet, Nähegefühle im Distanzierten auszulösen.

Natürlich liegt es nahe, dass wir die Liebesgefühle des Partners anfachen, indem wir ihn verunsichern. Wäre es dann nicht sinnvoll, mit anderen Männern zu flirten, um den Partner zu mehr Nähe zu veranlassen? Ich halte dies für gefährlich. Natürlich ist der Partner nicht unbeeindruckt, wenn uns Freunde sehr respektieren. Doch ein heftiger Flirt verletzt eher das Vertrauensverhältnis, Sie spielen dann mit dem Feuer und riskieren, dass sich der Partner irritiert zurückzieht. Und das gilt natürlich vor allem für das Thema Untreue. Grundsätzlich ist der Seitensprung verständlich, wenn der Partner sehr reserviert ist. »Warum soll ich mir nicht von anderen holen, was mir in der Beziehung versagt wird«, sagte mir kürzlich eine sehr angespannt wirkende Frau, die sich von ihrem Ehemann vernachlässigt fühlte. Der Seitensprung war ein Racheakt für seine mangelnde Aufmerksamkeit, eine regelrechte Kampfansage, im Fußball würde man sagen: eine gelbe Karte. In diesem Fall verstand der Mann die Botschaft und warb plötzlich sehr massiv um seine Frau, die er nicht verlieren wollte. Doch im Allgemeinen untergräbt man damit das Vertrauen in der Beziehung und man kränkt massiv den Partner, so dass die Nähe auf Dauer gestört ist.

Näheregel 10: Krank werden

Wenn dies alles nicht hilft, gerät der Nähesuchende oft in eine solche Unruhe, dass er krank wird – oder sogar einen Unfall erleidet. Das ist kein bewusster Prozess, vielmehr wiederholen sich dann meist Kindheitsmuster. Viele haben doch erlebt, dass es in der Kindheit vor allem dann Nähe gab, wenn sie krank waren. Sonst war die Mutter vielleicht sehr beschäftigt oder reserviert. Aber wenn man mit Fieber im Bett lag, bekam man endlich die ersehnte Zuwendung. Und dies ist meist auch im Erwachsenenalter so. Wenn man krank ist, erzeugt man in fast jedem Partner ein Gefühl von Hilfsbereitschaft und Nähe. Die Hilflosigkeit und Schwäche eines Menschen löst fast immer Näheimpulse aus. Selbst Männer haben dann das Gefühl, der Partnerin verpflichtet zu sein. »Ich hätte mich gefühlt wie ein Schwein, wenn ich sie allein gelassen hätte«, so der Kommentar eines 46-jährigen Patienten. Dies trifft allerdings nicht zu, wenn eine Versorgungspartnerschaft besteht. Die Nähe in einer solchen Beziehung setzt voraus, dass der Versorger seiner Rolle gerecht wird. Ist er dazu nicht mehr in der Lage, kommt es oft zu einem Beziehungsabbruch.

Wenn die Beziehung streikt

Eine Krankheit ist auch kein Nähe-Stimulanz, wenn die Beziehung schwer gestört ist und nur noch eine Stimmung der Distanz vorherrscht. Meist redet man kaum noch miteinander, die Erotik wird ausgespart. Es mag sein, dass man noch miteinander schläft. Doch es fehlt die zärtliche Begegnung, es wird nicht mehr intensiv geküsst. Die Beziehung ist zum Stillstand gekommen, der Alltag dominiert. Man geht noch zusammen einkaufen, besucht gemeinsam Feste, andere können durchaus den Eindruck gewinnen, dass alles in Ordnung sei. Doch im Untergrund rumort es, man spürt bei vielen Gelegenheiten, dass beide auf einem Pulverfass sitzen. Denn es gibt in dieser Phase der Beziehung fast immer einen Partner, der mehr an Nähe interessiert ist. Er kann natürlich den Konflikt entschärfen, indem er seine Nähewünsche reduziert. Das kann bedeuten, dass er einmal allein verreist, dass man nur an den Wochenenden etwas gemeinsam unternimmt oder dass man sogar eine Trennung auf Probe vereinbart. Das hat mitunter den Vorteil, dass sich jeder wieder stärker mit der eigenen Entwicklung beschäftigt. Das kann zu einer enormen Entspannung und der Möglichkeit einer Belebung der Beziehung führen. Allerdings habe ich die Erfahrung machen müssen, dass die Trennung auf Probe fast immer ein Abschied auf Raten war. Oft hat ein Partner allerdings Angst, den anderen wirklich zu verlassen. Oder er hat Angst, ihm das direkt zu sagen. Und so mogelt man sich möglicherweise um eine Trennung herum.

Näheregel 11: Schwanger werden

Am radikalsten ist es natürlich, wenn Sie in dieser Phase schwanger werden, um den Partner fest zu binden. Dies ist allerdings oftmals ein zweischneidiges Schwert: Auf der einen Seite fühlen sich die Männer entlastet, denn die Partnerin richtet ihre Nähe-Wünsche nun viel stärker auf das Kind. Doch gleichzeitig fühlen sich die bindungsscheuen Männer oftmals wie die Gefangenen eines Lebensentwurfs, den sie nicht gewollt haben. Allerdings ist dieser Bindungsgedanke auch Männern nicht fremd. Sie sprechen es selten aus, aber oft denken Sie: Wenn ich dieser selbstbewussten, eigenständigen Frau ein Kind mache, dann habe ich sie sicher. Dann kann sie nicht mehr weg. Dann habe ich ihr die ›Flügel‹ gestutzt.

Massive Bindungsschwäche

Allerdings sind selbst diese radikalen Bindungsversuche erfolglos, wenn der männliche Partner eine massive Bindungsschwäche aufweist. Bei einer Schwangerschaft würde er sich sofort trennen, und das Gummibandprinzip funktioniert auch nicht. Man kann sich noch so sehr zurückziehen, der Partner bleibt so distanziert wie vorher. Offenbar gehört die Distanz zu seinem Charakter, ist Teil seiner Persönlichkeit, so dass man auch mit starken Interventionen nichts ändern kann. »Bei meinem Mann könnten Sie eine Handgranate zünden, der ändert sich nicht«, beschrieb eine Hausfrau lakonisch diesen Zustand. Sie können also reden, drohen, betteln, wünschen, sich zurückziehen – langfristig wird sich der Partner nicht ändern. Das macht natürlich den Nähebedürftigen auf Dauer verrückt, denn er leidet unter dem Gefühl des permanenten Scheiterns. Ein Ausstieg aus dieser Ohnmachtsfalle ist nur möglich, wenn man es lernt, seine Gefühle zurückzunehmen. Aber das gelingt erfahrungsgemäß nur dann, wenn man es auch für möglich hält, dass die Beziehung scheitert. Das ist die eigentliche Kernangst. Man wirbt ja deshalb so viel um den Partner, um die Beziehung zu erhalten. Und nun sollte man den Mut haben abzuwarten und zu beobachten.

Näheregel 12: Bilanz ziehen – die Vakuum-Methode

Warten Sie also erst einmal in Ruhe ab und ziehen Sie Bilanz. Was geben Sie in der Beziehung, was bekommen Sie? Ist dies halbwegs ausgeglichen? Zwar ist es immer schwierig, wenn wir eine Beziehung bilanzieren. Wir können die Sicherheit, die wir durch den Partner bekommen, kaum messen. Und wenn wir ihm helfen, ihn bekochen, erhalten wir so viel Anerkennung, dass sich unsere Hilfe ›lohnt‹. Und dennoch: Wir haben emotionale Erwartungen, konkrete Nähewünsche, und der Partner muss eine stabile Nähe-Basis herstellen, sonst gehen Sie gleichsam immer auf dem Zahnfleisch. Sonst sind Sie in ihrem Näheverlangen immer ›unterzuckert‹. Und dann sollten Sie fragen: lohnt sich das alles? … Und vielleicht bemerkt der Partner Ihr Nachdenken, Ihre Skepsis und kommt wieder auf Sie zu.

Dies ist die bewährte Vakuum-Methode – wenn Sie weniger lieben, sich weniger engagieren – kommt der Partner stärker auf Sie zu, wenn er noch Interesse an der Beziehung verspürt. Deshalb müssen Sie stillhalten, wenn Sie die Beziehung verändern wollen. Das löst vor allem in vielen Frauen eine panische Angst aus. Sie haben ja nicht nur Angst vor dem Scheitern der Beziehung. Sie haben auch Angst, diesen Zustand nicht auszuhalten. »Ich hatte immer Angst, ins Bodenlose zu fallen, wenn ich nicht mehr aktiv bin, wenn ich kein Echo von ihm bekomme … doch das Gegenteil war der Fall. Ich wurde plötzlich so sauer, auf ihn und auch auf mich, weil ich dies alles so lange mitgemacht hatte. Ich war nicht am Boden zerstört, ich hing wie ein Gasballon unter der Decke. Und was mich besonders sauer machte: Er versuchte dann, mich mit kleinen Angeboten wieder gefügig zu machen. Der wollte mich wieder friedfertig, Nähe suchend haben. Doch da war er bei mir an der falschen Adresse. Ich wollte, dass er sich engagiert … und zu meinem großen Erstaunen … es passierte wirklich einiges«, so der wütende Kommentar einer 37-jährigen Hausfrau.

Was kann der ›Flüchter‹ tun ...?

Wir haben bisher immer überlegt, was der Nähe-Suchende tun kann. Dies ist berechtigt, denn sein innerer Handlungsspielraum ist meist viel größer als der des Distanzierten. Nähewünsche zu reduzieren bzw. zu verlagern ist meist einfacher als auf die Nähebedürfnisse des Partners einzugehen. Doch auch der Distanzierte sollte seinen Beitrag zur Lösung des Nähe-Distanz-Konflikts leisten. Er sollte sich fragen: Was kann mir passieren, wenn mehr Nähe entsteht? Welche Angst vor Nähe ist in meiner Kindheit entstanden? Warum habe ich eine so panische Angst vor Nähe? Der Distanzierte geht immer davon aus, dass die Nähebedürfnisse der Partnerin unersättlich sind. Doch in Wirklichkeit ist diese meist sehr schnell zufrieden und kümmert sich dann um sich selbst. Deshalb wäre es sinnvoll, auf die ›Dränglerin‹ einzugehen. Ein 45-jähriger Erzieher sagte mir: »Bei meinem sechsjährigen Sohn geht das. Wenn der quengelt, nehme ich ihn in den Arm und bin für ihn da, und wenn er genug bekommen hat, geht er … Das ist wie bei einer Regentonne, irgendwann ist sie voll … Aber in der Partnerschaft kommen offenbar andere Prozesse zum Tragen, meiner Partnerin kann ich keine Nähe geben, wenn sie es will. Da bin ich richtig blockiert …«

Doch der Distanzierte kann noch mehr tun: Er kann einfordern, dass er mehr Abstand braucht. Das kann ein eigenes Zimmer sein oder ein Abend, den er allein verbringt. Wir müssen seinen Wunsch nach Abstand ernst nehmen und dürfen ihn nicht pathologisieren. (»Du hast zu wenig Wunsch nach Nähe, weil du in der Kindheit geschlagen wurdest.«). Gleichzeitig muss der Distanzierte sehr darauf achten, dass er seinen Schwerpunkt in sich selbst findet. Oft kennt er es von Kindheit an, dass man ihn bedrängt. Gleichzeitig vernachlässigt er eigene Ziele, hat nicht genügend Freundschaften, seine eigene Welt ist nicht stabil genug. Deshalb ist es wichtig, dass er sich um sich selbst kümmert. Dann ruht er stärker in sich, erlebt andere Menschen eher als Bereicherung, weniger als Bedrängung. Und dadurch kann er auch mehr Nähe herstellen.

Doch es ist nicht leicht, den eigenen Schwerpunkt zu finden. Denn dies bedeutet vor allem, dass man eine gute Nähe zu sich selbst aufbaut. Dies ist entscheidend für die Lösung der Näheprobleme in der Liebe. Wie sonst will man sich einem anderen Menschen gegenüber öffnen, wenn man sich selbst nicht leiden kann? Kennen Sie das auch? Sie haben Misserfolgserlebnisse gehabt, sind weit davon entfernt, die eigenen Ansprüche zu erfüllen und ziehen sich in sich selbst zurück. Eine 45-jährige Angestellte sagte mir: »Ich könnte manchmal in ein Mauseloch kriechen. Manchmal habe ich morgens Stimmungen, da schaue ich nicht gern in den Spiegel, ich halte mich schlecht aus. Als ich jung war, habe ich vieles gewollt. Und wenn ich es recht betrachte, bin ich mit so vielem gescheitert. Ich muss ertragen, dass ich viel durchschnittlicher bin. Nichts Besonderes. Und wenn dann noch etwas schief läuft und mein Partner kommt, das halte ich nicht aus.«

Die Ehe als fortwährendes Experiment

Vielleicht haben Sie die bisherigen Hinweise beherzigt und stellen trotzdem fest, dass sich Ihre Ehe in einer massiven Krise befindet? Aber am Anfang der Beziehung gab es durchaus Nähe? Wäre es dann nicht folgerichtig, wenn Sie einen Neuanfang wagen? Vielleicht sollte dies jeder von uns tun, denn nach einigen Jahren ist in einer Ehe immer viel Routine vorhanden, kleine oder größere Verletzungen haben sich angehäuft und es gibt gravierende Fehlentwicklungen. Es ist deshalb bedenklich, dass man eine Ehe ›laufen‹ lässt. Ein Auto muss regelmäßig zum TÜV, nach fünf Jahren treten meist größere Schäden auf und müssen behoben werden. Und nach fünf Jahren ist in vielen Ehen kaum noch der einstige Schwung der Liebe vorhanden. Diese Beobachtung hat wohl auch den Dichterfürsten Goethe zu der provozierenden Aussage bewogen, fünf Jahre Ehe seien genug. Natürlich wäre es Unsinn, wenn eine Ehe nach einer gewissen Zeit automatisch endete. Aber wäre es nicht gut, wenn man eine Liebesbeziehung immer wieder neu beginnt? Wäre es nicht sinnvoll eine Ehe als fortwährendes Experiment zu betrachten, in dem beide immer wieder hinzulernen, sich entwickeln müssen? Dann wäre man sich bewusst, dass man immer wieder neu in eine Beziehung investieren muss.

Du hast dein Versprechen gebrochen

Einen solchen Entschluss zum Neuanfang schildert Pearl Buck in ihrem Roman ›Die große Liebe‹. Edward hatte sein Eheversprechen nicht gehalten: Margarete war nicht mehr das Wichtigste in seinem Leben. Deshalb war sie unglücklich, deshalb faszinierte sie aber auch der junge Schriftsteller, auf den Edward eifersüchtig war. Doch diese Krise war heilsam, er interessierte sich wieder für sie, stellte ihr Fragen. Er wollte vor allem von ihr wissen: »Ich habe vergessen, unsere Ehe zu dem Wichtigsten in meinem Leben zu machen. Ist es das woran du denkst?« Sie bestätigte dies und Edward bekannte nach einem aufrüttelnden Gespräch: »Ich habe den Eindruck, dass wir von neuem beginnen müssen.«[4] Er hatte begriffen, dass sie sich in den Jahren verändert hatten und nun ihr Nähe-Distanz-Verhältnis neu finden mussten.

Soll ich bleiben?

Allerdings ist ein solcher Neubeginn nicht leicht. Bei einem Haus würden wir sagen, dass dies einer Grundsanierung entspricht. Oft ist dies aufwändiger als ein Neubau. Deshalb spielen Sie vielleicht auch manchmal mit Trennungsgedanken. Aber dies würde bedeuten, dass man alle gemeinsamen Erfahrungen für wertlos erklärt, man beendet eine Beziehung, von der man sich so viel erhoffte, in die man immer auch viel investiert hat. Wenn Sie sich unsicher sind, sollten Sie sich drei Fragen stellen:

1. Humor-Nähe: Können Sie noch gemeinsam lachen? Das zeigt, ob noch eine innere Verbindung besteht.
2. Erinnerungs-Nähe: Erinnern Sie sich noch an den Anfang der Liebe, gibt es einen ›Schatz der Erinnerung‹? Wenn dieser verloren gegangen ist, ist der innere Zerstörungsprozess schon sehr weit fortgeschritten.
3. Emotionale Nähe: Gibt es noch ein Gefühl der Verbundenheit? Dann können sich beide auch in die Position des anderen hineinfühlen. Wenn sich jeder nur auf seine Position zurückzieht und den anderen nicht mehr verstehen will und kann, ist jede Bemühung fast vergeblich.

Wenn Sie diese Fragen positiv beantworten können, ist noch genügend Liebesglut vorhanden. Dann lohnt sich die Aufarbeitung der Nähekrise. Allerdings müssen Sie sich fragen, ob Sie bereit sind, so viel in Ihre Beziehung zu investieren. Reicht die Attraktion ihres Partners aus? Zwar gaben bei Interviews 23 Prozent der Befragten an, nach einer Krise verstärkt in die Beziehung investiert zu haben. Doch die große Mehrheit tat dies offenbar nicht.

Die Desillusionierung

Dass man damit zögert, in die Ehe zu investieren, hat vor allem zwei Gründe: die zunehmende Desillusionierung und seelische Verletzungen. Nachdem man am Anfang wie in einem Ausnahmezustand war, erkennt man in kleinen Alltagssituationen, dass der Partner doch nicht dem Idealbild entspricht. Er gibt morgens eine unwirsche Antwort, sie hat abends einmal keine Lust auf Sex. Und solche kleinen Anlässe führen dazu, dass der Zustand der Verzauberung endet, plötzlich hat die Liebe einen Riss bekommen und wir fangen an, den Partner kritischer zu betrachten. Sehr anschaulich beschreibt Marilyn French in »Frauen« einen solchen Moment der brutalen Ernüchterung: »Dann, eines Tages, passiert das Undenkbare. Ihr sitzt zusammen am Frühstückstisch, und du hast einen kleinen Kater und du schaust zum Geliebten hinüber, dem wunderschönen Goldknaben, und der Geliebte öffnet seinen Mund, zeigt seine schimmernden weißen Zähne … und der Geliebte gibt irgendeine Dummheit von sich. Dich rührt der Schlag, deine Temperatur stürzt. Der Geliebte hat noch nie irgendetwas Dummes gesagt. Du siehst ihn an, du bist sicher, du hast dich verhört. Du bittest ihn, es noch einmal zu sagen. Und er tut es. Er sagt: ›Draußen regnet es.‹ Und du siehst aus dem Fenster, der Himmel ist ungetrübt.«[5]

In einem solchen Moment könnte man doch weglaufen oder den Partner mit Worten ärgern? Man ist doch nur bereit, in die Beziehung zu investieren, wenn man im Partner auch positive Eigenschaften sieht, bzw. wenn diese überwiegen. Der Partner muss sich deshalb auch darum bemühen, dass wir ihn bewundern können. Oft haben wir im Laufe der Ehe zugenommen, laufen abends im Trainingsanzug durch die Wohnung, wir vernachlässigen den Sport und wissen: Wir sind für den Partner kein schöner Anblick mehr. Wie heißt es so bitter in dem Chanson von Charles Aznavour:

Du bildest dir doch wohl nicht ein,
du könntest reizvoll für mich sein.
Mit deinen unbedeckten Knien,
wenn deine Strümpfe Wasser zieh'n. …
Du lässt dich geh'n!
Du lässt dich geh'n!

Eine anhaltende Nähe entsteht nur, wenn wir uns für den Partner gelegentlich anstrengen, uns bemühen. Die Gleichgültigkeit ist der Feind der Nähe. Und manchmal muss man auch Situationen der Nähe inszenieren. Wissen Sie noch, wie das am Anfang der Partnerschaft war? Sie waren aufgeregt, haben sich die schönsten Kleider angezogen, dann fuhr man raus ins Grüne, er hatte immer schon eine Decke dabei … alles war wie eine aufregende Inszenierung. Und dann saß man abends noch im Gartenlokal, die Mücken stachen, die Sonne ging unter … Es war himmlisch … Und nun sitzen Sie ständig vor dem Fernseher, Sie gehen zweimal im Jahr ins Theater, fahren im Sommer meist nach Mallorca, das Leben ist langweilig geworden. Sie wissen schon, was passiert, wenn er die Hand im Bett nach Ihnen ausstreckt. Diese vertrauten Rituale der Nähe sind wirklich langweilig …

Doch damit die spannenden Inszenierungen der Nähe möglich sind, müssen wir zunächst die inneren Vorbehalte gegen die Beziehung überwinden. Und vor allem: Wir müssen den emotionalen Rückzug beenden, den wir begonnen haben. Dieser Rückzug ist fast immer die Folge vieler kleiner Enttäuschungen und seelischer Verletzungen. Man ist sich schließlich ausgewichen, keiner hat sich wirklich dem anderen anvertraut. Eine innere Kündigung der Beziehung setzt ein. Es beginnt ein Zusammenbruch der Nähe, der sich vor allem dadurch abzeichnet, dass einem Partner alles egal ist, er äußert keine Wünsche und Erwartungen mehr. Er hat sich in seine Fluchtburg zurückgezogen.

Diesen Rückzug wieder aufzuheben, ist schwierig. Denn keiner redet mehr offen über seine Gefühle, Sehnsüchte und Ängste. Damit dies möglich ist, müsste erst wieder Vertrauen entstehen. Das war auch für Politiker eine der wichtigsten Erkenntnisse im kalten Krieg. Sie erkannten, dass zuerst vertrauensbildende Schritte erfolgen mussten, bevor man wirklich verhandeln konnte. Deshalb waren die Treffen der Staatsoberhäupter so wichtig, wo man auch miteinander lachte, manches

Glas Alkohol leerte und sich persönlich ein wenig näher kam. Und dies war dann oft die Grundlage dafür, schwierige politische Gespräche zu führen.

Wir lernen daraus: Es ist in der Distanzphase der Liebe eher problematisch, mit dem Partner sehr anspruchsvolle Konfliktgespräche zu führen. Der Partner muss zunächst spüren, dass er uns wichtig ist. Sie müssen sich deshalb zunächst dafür entscheiden, wieder vorsichtig und verständnisvoll auf den Partner zuzugehen. Sie sollten auf eine sehr unaufdringliche Weise um ihn werben. Es geht nicht um Liebeserklärungen, das würde er Ihnen ohnehin nicht abnehmen. Es geht oft mehr um kleine Gesten. Es bedeutet in dieser Phase der Partnerschaft oft viel, wenn Sie ihm seine Lieblingsblumen schenken, sein Lieblingsessen zubereiten. Was magst Du? – ist eine der wichtigsten Fragen. Es liegen viele kleine Sprengminen in der Beziehungs-Erde und es ist wichtig, dass Sie zunächst eine Atmosphäre der Wertschätzung herstellen.

Die Entschuldigung

Doch wie will man eine Atmosphäre der Wertschätzung herstellen, wenn wir selbst viele Erlebnisse in Erinnerung haben, die uns verletzten? Er hat immer wieder den Hochzeitstag vergessen, am letzten Geburtstag bekamen wir nicht einmal Blumen. Er dreht sich im Bett schnell herum, wenn wir mit ihm schlafen wollen und redet nicht mehr. Doch das sind die kleinen Enttäuschungen und alltäglichen Verletzungen, die man vergessen sollte, wenn es um einen Neuanfang geht. Gelegentlich ist es zwar wichtig, dass man darüber redet. Man bezeichnet dies auch als das emotionale Staubwischen in einer Partnerschaft. Wir können die Nähe in einer Partnerschaft nur lebendig halten, wenn wir immer wieder das Trennende besprechen, die kleinen Stolpersteine ausräumen, kränkende Erlebnisse überwinden. Aber solche Gespräche müssen in einer halbwegs entspannten Stimmung stattfinden und sie sollten ein versöhnliches Ende haben. Wir sollten immer berücksichtigen: Man muss nicht über alles reden, manchmal reicht es aus, wenn man im Stadtpark sitzt, sich die Hand gibt und spürt, dass man sich wieder einig ist. Oft schadet das Reden eher. Meist sind wir zu forsch in Gesprächen, wollen dem anderen zu sehr unser Anliegen vermitteln. Alle Gespräche sind schnell ›Ecke auf Kante‹ – pflegt einer meiner Kollegen zu sagen. Doch man muss reden, wenn es schwerwiegende Verletzungen gab, die wir nicht so schnell vergessen können. Es sind vor allem jene Verletzungen, die unter die Gürtellinie gehen: ›Du bist immer wie deine Mutter … und: Schau doch mal in den Spiegel …‹, ›Du bist kein richtiger Mann, mit dir klappt es eben nicht.«

Für solche Bemerkungen müssen wir uns entschuldigen, damit eine Aussöhnung möglich ist. Die eigentliche Kunst der Nähe besteht auch darin, dass wir uns beim anderen entschuldigen können. »Das habe ich nicht gewollt. Ich war gestern sehr ungeschickt und habe einiges gesagt, was dich verletzt hat. Entschuldigung …« – diese Worte sind die Brücke zum anderen und bewirken, dass von einer Verletzung keine seelischen Narben zurückbleiben. Doch solche Entschuldigungen müssen wir auch annehmen können. Sonst besteht immer die Gefahr, dass wir seelische Verletzungen nicht vergessen, dass sich am Bodensatz unserer Seele trennende Erinnerungen anhäufen.

Liebe auf Dauer?

Allerdings werden Sie sich nun vielleicht die Frage stellen: Lohnt dieser ganze Aufwand, kann er wirklich erfolgreich sein? Ist es nicht normal, wenn eine Beziehung scheitert? Gibt es überhaupt eine Ehe auf Dauer? Nun sind diese Fragen berechtigt und schwierig zu beantworten: Natürlich ändert sich die Nähe im Laufe einer Beziehung. Sie wird oft freundschaftlicher, während die Leidenschaft abnimmt. Und dies war wohl auch die Erfahrung der Königin Sofia von Spanien nach 30 Jahren Ehe. Sie meinte: »Unsere Liebe hat sich zu einer starken Freundschaft entwickelt. Wir sind wie Gefährten auf einer Reise, die nie endet.« Tatsächlich beruht die Nähe einer langen Ehe oft auf der gemeinsamen Welt, die man sich zusammen aufgebaut hat. Und dennoch gibt es auch in langen Beziehungen mitunter noch die große Liebe. Das zeigt der Brief von André Golz an seine Ehefrau. Er schrieb ihr am Ende seines Lebens: »Seit achtundfünfzig Jahren leben wir nun zusammen, und ich liebe dich mehr denn je. Kürzlich habe ich mich von neuem in dich verliebt, und wieder trage ich in meiner Brust diese zehrende Leere, die einzig die Wärme Deines Körpers an dem meinen auszufüllen vermag.«[6]

Alkohol und Drogen

Doch es ist sicherlich selten, dass eine lange Beziehung so leidenschaftlich bleibt. Meist nutzt sich die Nähe im Alltag ab, und heftige Konflikte bestimmen das Beziehungsgeschehen. Fast immer findet man dann etwas, das uns mehr stärkt als die Liebe. Oft ist es der Beruf, der zur Ersatzgeliebten wird, es kann auch ein Hobby sein. Aber nicht unerheblich ist in vielen Ehen auch eine schleichende Alkoholproblematik. Eine Flasche Wein, regelmäßiger Bierkonsum kann auch eine Möglichkeit sein, die gravierenden Nähedefizite auszugleichen. Wir brauchen ja doch alle eine Möglichkeit, um mit dieser versagenden Welt umzugehen. Und sowohl Essen als auch Trinken sind durchaus Möglichkeiten, um die genügende Zufuhr an Zuwendung zu sichern. Allerdings zerstört jede massive Suchtproblematik die Nähe zum Partner. Wenn sich ein Partner fast jeden Abend in eine andere Welt ›beamt‹, ist dies das Ende der Beziehung.

Das Leben mit dem einsamen Wolf

Oft ist die Nähe in einer Partnerschaft unter einer dicken Schicht von Lebensereignissen verschüttet. Und dann stellt sich immer wieder die Frage: Ist die Nähe-Krise nur das Resultat einer schleichenden Entfremdung? Oder gab es von Anfang an schwerwiegende Näheprobleme. Dann kann es sein, dass man sich irgendwann die Frage stellt, ob man nicht einen neuen Partner suchen sollte. Dies jedenfalls war die Entscheidung einer 50-jährigen Ärztin, die sich vor einem Jahr getrennt hat. Sie scheint die Trennung halbwegs gut verarbeitet zu haben und sagt dennoch mit stockender Stimme: »Ich wollte gern eine lebenslängliche Beziehung. Wissen Sie, wenn ich mich einlasse, dann für immer. Ich hätte gern einen Mann gehabt, der neben mir schläft und neben mir aufwacht. Ich muss nicht immer mit ihm zusammen sein. Aber etwas Geborgenheit und Zuverlässigkeit und dass man füreinander da ist – das habe ich gesucht. Aber er war ein Einzelgänger. An sich ein toller Typ, ein attraktiver Mann. Aber er schlief gern allein und hat seine Single-Angewohnheiten nie ganz abgelegt. Er ging schlafen, wann er wollte – er stand auf, wann er wollte. Und oft war er in der Garage und schraubte an seinem Auto herum. Oder er saß vor dem Computer … Ich hielt es irgendwann nicht mehr aus, dass ich immer sagte und drängelte: Komm, ich will mir dir reden. Kommst du auch ins Bett … und trennte mich. Jetzt suche ich mir einen neuen Partner und werde vor allem darauf achten, dass er Nähe erträgt. Besser gesagt – dass er die Nähe genießt.«

Sind die Kinder klein, müssen wir ihnen helfen,
Wurzeln zu fassen. Sind sie aber groß,
müssen wir ihnen Flügel schenken.«

Aus Indien

Die prägende Kindheit

Sie haben sich bemüht, mit den Nähewünschen des Partners geschickt umzugehen? Sie haben sogar versucht, auf seine Distanz geschickt zu reagieren? Trotzdem können Sie den Konflikt zwischen Nähe und Distanz nicht lösen. Dies liegt immer auch daran, dass das Schwingen von Nähe und Distanz nicht mehr stattfindet. Es liegt eine Blockierung vor, so dass sich ein Partner (oder beide) auf das Ausleben eines Bedürfnisses konzentriert. Der Nähe Suchende opfert im Notfall eher das Ausleben eigener Bedürfnisse, für den Distanzierten ist die Entwicklung des eigenen Lebens am wichtigsten. Er braucht große Freiräume für sich und viel Zeit. Diese Blockierungen sind so schwer aufzulösen, weil diese Nähemuster in der Kindheit entstehen. In der Liebe sind wir immer mit den Beziehungsmustern des Partners (und den eigenen) konfrontiert, so dass wir manchmal den Eindruck bekommen, mit einem unsichtbaren Gegner zu kämpfen. Wir haben eben nicht nur eine Beziehung zum Partner, sondern auch zu dessen Eltern, Geschwistern und Großeltern.

In der Kindheit entstehen jene Nähemuster, die unser Partnerschaftsverhalten prägen. Ob wir uns als Erwachsene eher distanziert oder nähebedürftig verhalten, hängt entscheidend davon ab, welche Bindungen wir in der Kindheit erlebt haben. Dies erkannte insbesondere der 1907 geborene Bolbwy, der in einer Schule mit Kindern arbeitete, die ein gestörtes Sozialverhalten aufwiesen. In zahlreichen Versuchsanordnungen beobachtete er später, wie Kinder reagieren, wenn sich ihre Mutter kurzfristig trennt. Es bildeten sich dann drei Bindungstypen heraus:

Sicher: Das Kind hat große Zuversicht über die Verfügbarkeit der Mutter. Es ist traurig, wenn sich die Mutter entfernt, freut sich aber über ihre Wiederkehr

Unsicher-ambivalent: Das Kind ist ängstlich, abhängig von der Mutter und hat die Erfahrung gemacht, dass die Zuwendung stark wechselt. Trennungen kann das Kind nur schwer verkraften, es schreit und ist schwer zu beruhigen.

Unsicher-vermeidend: Hier scheint das Kind auf die Trennung völlig unbeteiligt zu reagieren. Es sind weder Angst noch Wut zu beobachten. Ein Kind hat sich damit abgefunden, dass seine Bedürfnisse nicht in Erfüllung gehen.

Allerdings ist für das Kind nicht nur das Erleben von Nähe wichtig. Entscheidend ist vor allem die Feinfühligkeit, mit der die Bezugspersonen die Wünsche des Kindes erspüren und ihm auch genügend Raum für die eigene Expansion lassen. Wenn die Mutter das Kind zärtlich umarmt, während das Kind dies nicht will, ist dies ein Übergriff. Das Kind braucht Freiräume – sie sind die Grundlage für den Wechsel von Nähe und Expansion. Dann sucht ein Kind die Nähe der Mutter, nimmt anschließend Kontakt mit der Außenwelt auf, um wieder Nähe zu suchen. Es ist wichtig, dass sich die Mutter (und der Vater) auf diesen Zyklus einschwingt und es so dem Kind ermöglicht, sowohl den Kontakt zu sich als auch mit der Welt herzustellen. Dieses Einschwingen ist entscheidend für die spätere Lösung des Nähe-Distanz-Konflikts.

Erfahrungen in der Jugend

Dieser Wechsel von Nähe und Abstand ist besonders gravierend in der Pubertät. Es ist die Zeit der Selbstfindung, in der sich der Jugendliche auch von seinen Eltern abgrenzen muss, um eigene Lebensvorstellungen zu entwickeln. Allerdings zeigen neuere Studien, dass meist eine beidseitige Verbundenheit erhalten bleibt. Dann bieten die Eltern auch in dieser schwierigen Orientierungszeit einen wichtigen Halt und helfen dem Jugendlichen bei der Bewältigung seiner Probleme. Statt Ablösung kann man diesen Prozess eher als »Abgrenzung innerhalb der Beziehung« bezeichnen. Doch ein gewisser Rückzug ist notwendig. Der Jugendliche soll auch das Vorbild der Eltern auf den Prüfstand stellen, er sollte eigene Lebensvorstellungen entwerfen. Erst wenn der junge Erwachsene seine eigene Identität gefunden hat, ist er wirklich fähig zur Partnerschaft. Er wird den Nähe-Distanz-Konflikt gut lösen können, wenn er

- viele gute und lebendige Beziehungserfahrungen verinnerlichen konnte
- tüchtig, eigenständig und selbstbewusst geworden ist und
- sich durchsetzen kann.

Dann wird er die Nähe zu anderen Menschen vor allem als Bereicherung, weniger als Bedrohung erleben.

Geglückte Entwicklungen

Wenn Sie jetzt über das eigene Leben nachdenken, geht es Ihnen vielleicht so wie Medizinstudenten, die nach einer Vorlesung alle geschilderten Symptome an sich entdecken. Das ist auch nicht schwierig, denn niemand hat eine ideale Kindheit erlebt. Eine glückliche, harmonische Kindheit kennt wohl nur Heidi aus dem gleichnamigen Buch, die in der Welt der grünen Almen und schneebedeckten Bergspitzen aufwächst. Sie hat ein phantastisches Selbstbewusstsein, kann auf Menschen zugehen, hat eine ausgewogene Balance von Bindung und Autonomie. Doch im normalen Leben bringt die Kindheit immer Schwierigkeiten, Belastungen und Enttäuschungen mit sich; insofern kommt es darauf an, welche Erfahrungen überwiegen und die Lebenseinstellung prägen. Wir können deshalb bereits dann von einer sicheren Bindung sprechen, wenn man als Erwachsener sagen kann: Ich konnte mich innerlich auf meine Eltern verlassen, sie waren meist für mich da. Dann besteht eine große Chance, dass Sie auch mit dem Nähe-Distanz-Konflikt umgehen lernen. Untersuchungen in den USA haben gezeigt, dass ›sichere Typen‹ die Gradwanderung zwischen Nähe und Distanz am besten beherrschen und auch über die Fähigkeit verfügen, Konflikte zu lösen. Das führt zu einem erheblich besseren Bindungsverhalten, so dass es sicher gebundene Paare durchschnittlich zehn Jahre miteinander aushalten, unsichere nur fünf Jahre.

Die Grundverletzungen

Allerdings gelingt es vielen Eltern nicht, sich bestmöglich auf die Grundbedürfnisse des Kindes einzuschwingen. Die meisten Menschen weisen deshalb zwei Grundverletzungen auf:

- Sie leiden unter dem Erlebnis des Verlassenwerdens. Nähe haben sie als unzuverlässig, teilweise als unmöglich erlebt und
- dem Erlebnis der Übergriffigkeit, wenn die Eltern die Bedürfnisse des Kindes nach der Entwicklung des eigenen Lebens nicht respektieren.

Aus diesen Grundverletzungen entstehen zwei sehr unterschiedliche Nähemuster. Wer als Kind die innige Beziehung mit der Mutter bzw. dem Vater nicht erlebt hat bzw. wenn diese unvermittelt abgebrochen wurde, wird oft lebenslänglich von einer traurig-sehnsuchtsvollen Suche erfüllt sein. Partnerlos spürt er ständig einen Mangel, seine Ich-Stärke ist gering, er hat nicht genügend positive Bindungserfahrungen verinnerlichen können. Er ist eher Nähe suchend und zugleich empfindlich, sobald die Nähe gefährdet ist. Nach vielen Enttäuschungen hat er manchmal Angst davor, sich wirklich auf Beziehungen einzulassen.

Wer jedoch vor allem die Übergriffigkeit der Eltern erlebte, wird immer auf eine genügende Distanz in den Beziehungen achten. Nun kann sich die Übergriffigkeit der Eltern auf viele Bereiche beziehen. Es handelt sich nicht nur um dominante Eltern, die alles kontrollieren. Vielmehr geht es meist um den Verlust der Selbstbestimmung.

- Eltern drängen dem Kind eigene Bedürfnisse auf. Eine klassische Situation besteht darin, dass sich die Mutter einsam fühlt und der Sohn zum Ersatzpartner wird.
- Das Kind soll jene Lebensziele erreichen, die den Eltern versagt blieben.
- Ein Elternteil kann seine Elternrolle infolge seelischer Schwäche oder Krankheit nicht wahrnehmen. Das Kind muss sehr früh die Elternrolle übernehmen. Wenn es erwachsen wird, haben nahe Beziehungen für ihn immer den Aspekt von Verantwortung und Sich-kümmern. Entweder er revoltiert gegen diese Rolle und lässt sich kaum auf Beziehungen ein (»Ich bin doch keine Krankenschwester!«) oder er übernimmt eine Helferrolle. (»Ich liebe immer dort, wo andere schwach sind und mich brauchen.«)

Es verwundert nicht, dass Menschen nach solchen Erfahrungen später ein großes Freiheitsbedürfnis haben. Allerdings sind auch sie gelegentlich auf Nähe und Unterstützung angewiesen. So entsteht in ihnen ein Konflikt zwischen Nähe- und Distanzwünschen, der für sie kaum lösbar ist.

Traumatische Erfahrungen in der Kindheit

Noch schwieriger sind aber traumatische Erfahrungen zu werten. Bei ihnen sind Übergriffe bzw. Verunsicherungen so massiv, dass sie das Kind bzw. der Jugendliche nicht verarbeiten konnte. Traumatische Erfahrungen sind:

- Der frühe Verlust eines Elternteils, wobei es meist keine Rolle spielt, ob dieser gestorben ist oder sich durch eine Trennung der Eltern entfernt hat.
- Die Geburt eines Geschwisters. Hier kommt es zu einer Entthronung, die bisherige Mittelpunktsrolle geht verloren, und dies kann eine lebenslängliche Kränkung sein. Es ist eine massive Kränkung, tagtäglich mit anzusehen, dass ein jüngeres Geschwister von der Mutter vorgezogen wird, mehr Liebe bekommt und der ›Sonnenschein‹ ist.

Zu den schweren traumatischen Erfahrungen zählen jedoch vor allem Missbrauchserlebnisse und Gewalt in der Kindheit, Eltern mit einer Alkoholproblematik oder massiven seelischen Problemen. Es fehlen solchen Kindern die Erfahrungen einer zuverlässigen und zugleich respektvollen Nähe. Bei ihnen lösen enge Beziehungen später fast immer einen Angstimpuls aus. Schließlich müssen sie als Erwachsene immer befürchten, dass sich die traumatischen Erfahrungen wiederholen. Gleichzeitig sind sie aber auf die Nähe zu anderen Menschen angewiesen, da sie nicht gut allein sein können. Diesen Konflikt zwischen Nähe und großem Sicherheitsbedürfnis können sie kaum geschickt lösen. Meist suchen sie unbewusst einen Partner, der keine Nähe herstellen kann und beschweren sich über seine Distanz. Ihr eigener Anteil bei der Partnerwahl ist ihnen nicht klar.

Vernachlässigung und Bedrängung

Oft kann man beobachten, dass ein Kind sowohl eine massive Vernachlässigung als auch bedrängende Situationen erleben musste. Die Folge sind dann immer massive Bindungsängste. Wie stark diese sein können, zeigt die Autobiographie des Sängers und Schauspielers Marius Müller Westernhagen. Darin schreibt er offen über seine langjährige Bindungsunfähigkeit. Diese war sowohl das Ergebnis einer schwierigen Vaterbeziehung und einer Mutterfixierung. Sein Vater hatte schwerste Depressionen, kam monatelang nicht aus dem Bett und starb, als Marius 14 Jahre alt war. So musste er frühzeitig in der Familie die Männerrolle übernehmen, gleichzeitig versuchte die Mutter, ihn klein zu halten. Trotzdem war der Ablösungsprozess für ihn schmerzlich, und er war schließlich so bindungsscheu, dass er immer wieder enge Beziehungen abbrach. Dies änderte sich erst bei seiner späteren Frau Romney, die ihn nicht unter Druck setzte. Durch sie konnte er seine Beziehungsunfähigkeit überwinden.

Leidenschaft oder Sicherheit?

Nun hat sich auch die Wissenschaft in den letzten zwanzig Jahren sehr um die Frage gekümmert, wie sich die geschilderten Bindungsmuster auf unser Liebesleben auswirken. Zu ihnen gehören insbesondere die Amerikaner Kim Bartholomew und Leonard Horowitz. Sie gingen davon aus, dass jeder Mensch in der Kindheit sowohl ein Selbstbild als auch ein Bild der Mitmenschen erwirbt. Andere Forscher vertieften diese Forschung durch den Aspekt der Hilfeleistung. Ob wir uns helfen lassen können oder gern helfen oder Hilfe sogar einfordern, sagt viel über unseren Charakter aus. Aber trifft dies schon den Kern der Liebesbeziehung? Geht es in einer Liebesbeziehung nicht auch immer um intensive Leidenschaft? Es ist doch gerade diese Leidenschaft, die wir zum einen suchen, zum anderen aber auch als gefährlich erleben. Und diese Leidenschaft wird immer von der Hoffnung getragen, dass wir die emotionalen Defizite der Kindheit überwinden, ein besseres Selbstbewusstsein aufbauen und ein stabileres Ich gewinnen können. Zwar sagt Handke, es sei eine Illusion zu glauben, dass es einen Menschen gebe, der unseren seelischen Riss ausgleichen könne. Aber fühlen wir uns nicht tatsächlich erst richtig wohl, wenn wir von einem anderen Menschen geliebt werden? Dann haben wir unsere fehlende Hälfte gefunden und sind von einer phantastischen Lebensstimmung erfüllt. Doch gleichzeitig müssen wir darauf achten, unsere innere Sicherheit nicht zu verlieren. Denn ungefährlich ist der Wunsch nach einer leidenschaftlichen Liebe nicht. »Niemals sind wir ungeschützter gegen das Leiden, als wenn wir lieben«, sagte Sigmund Freud. Deshalb müssen wir vor allem das Lebensziel haben, nicht erneut verletzt zu werden. Neben der Suche nach Liebe haben wir deshalb ein intensives Sicherheitsbedürfnis. Vor allem die Leidenschaft bzw. die Nähe muss gelegentlich gedrosselt oder sogar geopfert werden, um dem Sicherheitsdenken zu entsprechen.

Das Streben nach Sicherheit

Denn nicht die Nähe zu anderen Menschen, nicht die Liebe, auch nicht das Triebleben ist das wichtigste in unserem Leben. Bereits in den zwanziger Jahren hat Alfred Adler darauf hingewiesen, dass das Streben nach sozialer Sicherheit immer das wichtigste Lebensprinzip ist. Wer in der Kindheit extrem verunsichert wurde, wird so gut wie nie anderen voll vertrauen können. Es kommt nach einer Phase des Wohlfühlens immer der Wunsch nach Kontrolle, nach Sicherung und auch nach einer Eindämmung von Gefühlen, weil eines verhindert werden muss: dass sich frühere Verletzungen wiederholen.

Das ist kein rationaler Vorgang, sondern ein sehr emotionaler Prozess, der wie eine Notbremse funktioniert. Allerdings bleibt diese tiefe Angst vor erneuten Enttäuschungen unbewusst und ist daher nur schwer veränderbar. Zudem ist diese innere Alarmanlage so empfindlich eingestellt, dass sie bereits bei einer mittleren Nähe ausgelöst wird, die für andere Menschen eher beruhigend ist.

Diese Sicherungstendenzen sind durchaus verständlich und in gewisser Weise auch vernünftig. Stellen Sie sich einmal eine kleine Stadt im Mittelalter vor, die schon mehrfach von Reiterhorden überfallen wurde, die brandschatzend und mordend durch die Gegend zogen. Dadurch beschließt man natürlich in der Stadt, die Verteidigungsanlagen zu verbessern. Wassergräben werden angelegt, die Mauern verstärkt. Niemand kommt mehr in die Stadt, der nicht von den Torwachen kontrolliert wurde. Der Handel mit anderen Städten geht zurück, Feste werden abgesagt, denn die Sicherheit der Bewohner hat absoluten Vorrang. Wo das Leben gefährdet ist, muss sich alles andere unterordnen. Und so geht es auch Menschen, die hinsichtlich der Nähe eher vorsichtig sind. Es war eine 42-jährige Verkäuferin bei mir, die eine massive Angst vor Nähe hatte. Sie lebte allein und ging Männern aus dem Weg. Aber ein Kollege wollte sie einladen, und nun berichtete sie mir einen erschütternden Traum: Sie traf im Gebirge einen Mann, redete lange mit ihm und nachdem sie ihn küsste, wurde sie von ihm ermordet. Dieser Traum zeigte die Grundstimmung dieser Frau. Sie hatte panische Angst, verletzt und enttäuscht zu werden. Entsprechend vorsichtig verhielt sie sich gegenüber dem Kollegen.

Das magische Dreieck

Doch das Streben nach Sicherheit steht natürlich mit dem Wunsch nach Liebe und Leidenschaft im Konflikt. Er lässt sich kaum optimal lösen. Denn es gibt ein magisches Dreieck. Wir suchen

- eine ruhige, verlässliche Nähe,
- die auch leidenschaftlich sein soll und uns gleichzeitig ein
- hohes Maß an Sicherheit und Selbstbestimmung ermöglicht.

Diesen Konflikt lösen wir meist, indem wir diese drei Bedürfnisse steuern. Die konflikthaften Bedürfnisse werden dadurch entschärft.

Liebesdämpfer 1: Die begrenzte Nähe

Die wichtigste Steuerungsmöglichkeit besteht darin, dass wir die Intensität der Nähe begrenzen. Dadurch verringern wir die innere Abhängigkeit vom Partner, seine Bedeutung für unser Leben schrumpft, und Konflikte haben keine so verheerende Wirkung auf uns. Gewissermaßen wird die Nähe ausgedünnt – gleichzeitig aber gelebt. Dies gelingt durch folgende Nähedämpfer:

A. Das Delegieren der Nähe-Angst:

Der beste Nähedämpfer besteht darin, dass wir die Angst vor Nähe an den Partner delegieren. Wir suchen uns einen distanzierten Partner, müssen uns auf diese Weise die eigenen Näheängste nicht eingestehen und können uns lebenslänglich am Partner ›abarbeiten‹. Der Nähesuchende wird vom distanzierten Partner immer frustriert und seine Kindheitserfahrungen – hinsichtlich der unzuverlässigen Nähe – bestätigen sich.

B. Streitgespräche:

Vielleicht leben Sie selbst mit einem distanzierten Mann zusammen, der immer wieder kleine Streitgespräche in die Beziehung einbaut? Solche Streitgespräche, in denen man in kleinlicher Weise Kritik übt, sind gute Nähedämpfer und sorgen dafür, dass immer wieder ein massiver Abstand hergestellt wird.

C. Entfernung:

Ein wirkungsvoller Nähedämpfer ist natürlich die Entfernung. Auch wenn man heute sehr gut per Telefon und Internet kommunizieren kann: Eine Fernbeziehung reduziert doch die Möglichkeit einer umfassenden Begegnung.

D. Zeitliche Begrenzung:

Zu den besten Nähedämpfern gehört es allerdings, wenn man sich eine Beziehung sucht, die zeitlich begrenzt ist. Man findet immer wieder Studenten, die nach einem Jahr in ihr Land zurückgehen müssen, Geschäftsleute, die sich nur für kurze Zeit in einer Stadt aufhalten.

E. Verheiratete Männer:

Noch stärker sind solche zeitlichen Grenzen allerdings vorhanden, wenn man sich einen verheirateten Mann sucht. Dieser bleibt fast immer nur einige Stunden, meist muss man mindestens eine Woche auf den nächsten Besuch warten. Die Angst vor zu viel Nähe ist hier unbegründet.

F. Das gemeinsame Dritte:

Eine radikale Lösung besteht auch darin, dass keine innere Nähe entsteht. Wir müssen immer unterscheiden zwischen einer alltäglichen Begegnung und einer inneren Berührung. Letztere entsteht, wenn man über Gefühle spricht, sich versteht und sich persönlich näher kommt. Das kann man jedoch vermeiden, wenn man eine Zweckgemeinschaft eingeht. Das können Freizeitinteressen sein, gemeinsame politische Ziele, ähnliche Berufsinteressen. Wichtig ist dann immer das gemeinsame Dritte, man schaut in die gleiche Richtung, und das verbindet.

Auf einer Einladung hat man vor einigen Jahren dies Modell als die beste Partnerschaftslösung propagiert. Ich war von diesem Modell durchaus angetan. Allerdings ergänzte ich, man solle sich gelegentlich auch anschauen und nicht immer nur in die gleiche Richtung blicken. Sonst bleibt die persönliche Begegnung ausgespart und eine Partnerschaft bekommt den Charme einer Arbeitsgemeinschaft. Dies ist auch bei Beziehungen der Fall, die durch die Bewältigung der Lebensprobleme zusammengehalten wird. Sobald diese gelöst sind, entfällt die Grundlage der Nähe.

Liebesdämpfer 2: Die Drosselung der Leidenschaft

Die meisten Menschen haben ein großes Bedürfnis nach einer beständigen Nähe. Sie wollen sich täglich sehen, sich unterstützen und beistehen. Sie wollen auch wissen, wie es dem anderen geht, so dass immer wieder eine persönliche Nähe vorhanden ist. Doch gleichzeitig entsteht eine ›Gefahr‹. Wenn sich die persönliche Nähe mit intensiver Leidenschaft verbindet, wächst ungehindert die große Liebe. Und davor haben viele Menschen große Angst, da sie in der Kindheit immer enttäuscht wurden. Dann liegt es nahe, dass sie die Leidenschaft drosseln, um damit dem Sicherheitsdenken zu genügen. Daraus ergeben sich folgende Liebesmodelle:

A. Modell Wohngemeinschaft:

Viele Beziehungen sind anfangs durchaus noch etwas leidenschaftlich. Doch dann gibt es Streit, Enttäuschungen, jeder resigniert, zieht sich zurück. Und nun entsteht eine Wohngemeinschaft. Man lebt zusammen, geht einkaufen, ist eine Wirtschaftsgemeinschaft geworden. Es überwiegt der freundschaftliche Aspekt der Beziehung. Gewissermaßen hat man die Beziehung entschärft, die Leidenschaft ist gedämpft.

B. Nähemodell Spaltung:

Allerdings schaffen es viele Menschen nicht, die Leidenschaft ständig zu drosseln. Doch auf Dauer würde die hohe Leidenschaft zusammen mit der großen Nähe zu einer ›kritischen Masse‹ führen – würde man im Atomkraftwerk sagen. Wenn es nicht gelingt, die Leidenschaft runter zu fahren, bleibt daher nur die Möglichkeit der Auslagerung. Man kann das Leben aufteilen: Gewissermaßen spaltet man die Liebes-Aufgabe in zwei Bereiche. In den alltäglichen, eher freundschaftlichen Bereich und die leidenschaftliche Liebe mit der Geliebten. Alltag und Leidenschaft sind dann getrennt. So kann ich ungehindert meine Leidenschaften ausleben und sie gleichzeitig kontrollieren. Beim Seitensprung sieht man sich selten, meist nur für Stunden, kann vieles nicht erzählen, muss sich vorsehen. Gewissermaßen ist neben der Leidenschaft immer auch die Kontrolle vorhanden. Und das ist meist auch gewollt, um eine Überflutung des gesamten Lebens durch die Leidenschaft zu vermeiden.

C. Nähemodell Helfen:

Das Untreuemodell scheitert jedoch häufig nach einer gewissen Zeit und ist nicht unproblematisch. Auf Dauer angelegt ist allerdings das Helfermodell. Die Helferin verliebt sich oft in einen etwas hilflosen, aber sinnlichen Mann. Sie selbst empfindet sich als Retterin, scheinbar selbstlos sagt sie ihm: Ich bin immer für dich da, was kann ich für dich tun? Doch für diese Selbstlosigkeit wird sie mit Zärtlichkeiten und leidenschaftlicher Liebe beschenkt. Insofern ›verdient‹ sich die Helferin die Liebe. Die Helferin – die meist eine unsichere Bindung erlebt hat – fühlt sich dadurch der Wechselhaftigkeit der Liebe nicht mehr so ausgeliefert. Sie versachlicht gleichsam die Liebe. Das Irrationale der Leidenschaften, die durch Kindheitserfahrungen so gefürchtet werden, ist so gebändigt.

Liebesdämpfer 3: Die Einschränkung der Autonomie

Doch was soll man tun, wenn man die Nähe zum Partner liebt, auf Leidenschaft nicht verzichten kann und schwierige Bindungen in der Kindheit erlebt hat. Zur Regulierung der Beziehung bleibt dann nur der Faktor ›Autonomie‹. Gewissermaßen schränkt man die Freiheit des Partners ein. Man kontrolliert ihn, ist eifersüchtig und lebt mit ihm in einer sehr kleinen sozialen Welt. Das ist natürlich auch für die Leidenschaft gefährlich. In einem französischen Lied heißt es: Die Liebe ist ein Kind der Freiheit. Wenn wir die Freiheit des Partners einschränken, zerstören wir damit auch die Grundlagen der Liebe. Doch so rational denken wir im Strudel des Lebens nicht. Unsere Sicherheitsprogramme sind auf ›Überleben‹ programmiert, es geht darum, zu große Ängste zu verringern, die durch die Expansion jedes Partners ausgelöst werden. Dann entsteht eine symbiotische Beziehung, und noch vor 40 Jahren war dies das vorherrschende Partnerschaftsmodell. Damals war es üblich, dass beide Partner immer alles zusammen unternahmen. Man ging zusammen essen, ins Kino, hatte einen gemeinsamen Freundeskreis. Eine Frau fiel auf, wenn sie allein ins Restaurant ging. Insofern war die Studentenbewegung so wichtig, die eine Erweiterung der Kleinfamilie anstrebte. Der Partner sollte nicht mehr der alleinige Mittelpunkt des Lebens sein. Und so haben Partner heutzutage viel mehr sozialen Spielraum als früher. Es ist durchaus üblich, dass eine Frau mit anderen Männern befreundet ist, mit Freundinnen verreist und auch Abende bewusst allein verbringt. Symbiotische Beziehungen sind in den letzten Jahrzehnten viel seltener geworden. Was früher sehr häufig war, erleben wir in der Paarberatung heutzutage eher als Ausnahme. Aber noch immer kommen Paare zu mir in die Therapie, die nichts getrennt unternehmen.

Ich kann ohne dich nicht sein

»Wenn ich irgendwo eingeladen bin und etwas gern allein unternehmen würde – sofort kommt die Frage meines Partners: Kann ich mitkommen? Aber dies ist nicht als Frage gemeint, denn wenn ich sage: ich würde gern allein hingehen, gibt es immer eine lange Diskussion«, sagte mir eine 40-jährige Buchhalterin. Sie unternahm deshalb alles zusammen mit ihrem Partner, den sie als Klette empfand. Ihr blieb fast die Luft weg, und es verwundert nicht, dass die Erotik seit Jahren nicht mehr vorhanden war. Mitunter wird bei einer solchen Beziehung auch die Anschauung vertreten, es sei zu viel Nähe vorhanden. Doch dies ist ein gravierender Irrtum. Es ist nicht zu viel Nähe. Im Gegenteil: Es entsteht gar keine Nähe mehr. Nähe ist immer der Brückenschlag zwischen zwei Menschen, die Unterschiedliches erleben und sich bewusst sind, wie verschieden sie bei aller Vertrautheit empfinden. Es ist ein aufregender Prozess, der allerdings nur gelingen kann, wenn beide sehr selbständig sind.

Allerdings kann es manchmal durchaus anrührend wirken, wenn zwei Menschen eine sehr enge Beziehung pflegen. Ronald Reagan soll einmal gesagt haben, er hätte sich einsam gefühlt, wenn seine Frau auch nur den Raum verlassen hätte. Als er schon 28 Jahre verheiratet war, schrieb er einmal seiner Frau: »Wenn es so weiter geht, kann ich schon bald keine fünf Minuten mehr ohne dich sein«. Aber eine solche symbiotische Verschmelzung ist problematisch. Das Erwachsenwerden ist immer ein Prozess zunehmender Eigenständigkeit, die man auch in einer Liebesbeziehung aufrecht erhalten sollte. Lieben bedeutet ja nicht, dass man den anderen braucht, sondern in seiner Einzigartigkeit erkennt, schätzt und versteht. Doch dazu muss man sein eigenes Leben bewahren. Der Dichter Gilbran mahnte daher

Aber lasst Raum zwischen Euch.
Und lasst die Winde des Himmels zwischen Euch tanzen.
Liebt einander, aber macht die Liebe nicht zur Fessel …
Und steht zusammen, doch nicht zu nah:
Denn die Säulen des Tempels stehen für sich

Man kann in einer Beziehung nicht immer Nähe haben, nicht immer ein Herz und eine Seele sein. Eine ständige Nähe ist langweilig. Sie führt zu einem Partnerschaftsgefängnis, aus dem dann einer irgendwann ausbricht.

Ein Merkmal einer solchen symbiotischen Nähe ist immer eine massive Eifersucht. Der Partner wird ständig kontrolliert, er muss Rechenschaft darüber ablegen, was er unternommen hat. Und oftmals wird er sich genau überlegen, ob er wirklich Elvira oder Gisela treffen will, weil dies immer unendliche Debatten zur Folge hat. Also bleibt er gelegentlich lieber zuhause, um diesen nervigen Gesprächen auszuweichen. Doch auf die Dauer fördert diese Zwangsnähe die wirkliche Nähe natürlich nicht. Der Partner fühlt sich eingeengt, kontrolliert und er wird vieles nicht mehr erzählen, weil er Angst vor den ewigen Diskussionen hat.

Nähe durch Angstzustände

Nun muss man nicht mit Eifersuchtsgefühlen reagieren, um den anderen an sich zu binden. Es gibt ›Methoden‹, die weniger konfliktreich und teilweise sogar wirkungsvoller sind. Hier begibt sich der Partner eher in einen Schwächezustand, wenn er sich davor fürchtet, dass die Nähe verloren geht. Die Beziehung ist für ihn zum wichtigsten Teil seines Lebens geworden. Sie ist der Stabilisator seines schwachen Ichs – ohne ihn würde alles zusammenstürzen. Das hat mit Liebe nicht mehr viel zu tun. Hier geht es mehr um seelische Statik. Mich erinnert das immer an ein Fachwerkhaus: Wenn Sie dort die

Hauptbalken entfernen, stürzt alles zusammen. Versetzen Sie sich einmal in die Situation eines Menschen, der so empfindet und nun befürchten muss, verlassen zu werden: Er hat eine panische Angst vor einem seelischen Zusammenbruch. Und dann entwickelt er Symptome, die dazu führen, dass man ihn nicht mehr verlassen kann. Er kann nicht mehr allein schlafen, sich außerhalb des Hauses nicht mehr allein bewegen. Eine meiner Patientinnen entwickelte nach einer Partnerschaftskrise eine Angstneurose und konnte nicht mehr allein zum Arzt gehen. Überall hin musste ihr Mann sie begleiten. Sie hatte immer Angst, dass ihr Mann sie verlassen könnte. Tatsächlich fühlte er sich manchmal bedrängt, hatte Trennungsgedanken. Aber diese hilflose Frau konnte er nicht verlassen. Und ich hatte den Eindruck, dass ihm dieser Begleitservice auch gefiel. Vorher war seine Frau sehr expansiv, er hatte sich ihr vielleicht unterlegen gefühlt. Er half gern anderen Frauen und hörte nichts lieber als den Satz: Du hast mein Leben gerettet. Dem wurde sie nun gerecht. Er war wieder der starke Mann, der für seine Frau da war. Gewissermaßen hatte sie ihre Expansion geopfert, um die Nähe mit ihm nicht zu gefährden. Natürlich kann man das auch so sehen, dass man hier von einer Erpressung spricht. Auf diese Weise wird ja auch an das schlechte Gewissen des anderen appelliert, an seine Schuldgefühle. Man kann dies aber auch ganz anders sehen. Nähe kommt meist zustande, wenn beide Partner die gleichen Nähemuster aufweisen. Sie haben die gleichen Vorstellungen vom Zusammenleben, die gleichen Rituale und vor allem die gleiche Vorstellung der männlichen und der weiblichen Rolle. Stimmt dies überein, machen beide immer wieder glückliche Näheerfahrungen. Doch die Unsicherheit hinsichtlich der weiblichen und männlichen Rolle führt heutzutage eher zu einem Scheitern eines Nähevertrags. Durch die Angstneurose entwickelt sich jedoch sehr oft ein durchaus erfolgreiches Nähe-Modell: Sie ist ängstlich, er ist beschützend und dies kann lange Zeit eine Partnerschaft zusammenhalten.

Du bist mein Mond

Nun ahnen wir durchaus, dass auf Dauer eine symbiotische Beziehung kaum möglich ist. Dennoch sind wir angerührt, wenn wir das Gedicht von Friedrich Rückert lesen, das er vor etwa 200 Jahren geschrieben hat:

Du bist mein Mond und ich bin deine Erde
du sagst, du drehtest dich um mich.
ich weiß es nicht, ich weiß nur, dass ich werde
in meinen Nächten hell durch dich …

In diesen Zeilen ist der verständliche Wunsch nach einem Menschen deutlich, der uns stützt, uns trägt, uns versteht. Zwar geht dieser Wunsch selten in Erfüllung. Aber ist er nicht sehr menschlich? Eine sehr erwachsene Frau erzählte mir einmal, sie sei immer emotional bewegt, wenn sie das Märchen ›Hänsel und Gretel‹ lese. Dass sich zwei bei der Hand nehmen und durch den dunklen Wald gehen, habe sie immer sehr berührt. Sie habe sich immer einen Mann gewünscht, der sie so bei der Hand nehmen würde. Als Kind habe sie das zu wenig erlebt. Doch in der Realität gehen solche Wünsche selten in Erfüllung. Wir sind keine Kinder mehr und meist werden solche Bedürfnisse enttäuscht. Natürlich müssen wir gelegentlich in einer Liebesbeziehung dem anderen mit der Naivität eines Kindes vertrauen können. Und dann kann man mutig sein wie ein Held, (eine Heldin) dem nichts, aber auch gar nichts in der Welt zustoßen kann. Gelegentlich sollten wir uns dem Partner mit allen Sinnen hingeben können. Aber grundsätzlich gilt doch: Die Liebe bedarf der Eigenständigkeit beider Partner. Insofern bin ich davon überzeugt, dass die Liebe eher gelingt, wenn wir unsere Selbstständigkeit entfalten. Wenn Paare eine zu symbiotische Beziehung haben, bitte ich sie daher: Unternehmen Sie an einem Tag in der Woche etwas allein. Das ist dann der PA (Partnerschaftsfreie Abend). Der

Partner soll lernen, eigenständig zu sein. Er soll sich um seinen Freundeskreis kümmern oder lernen, auf Menschen zuzugehen. Manchmal rate ich auch, man solle sich ohne die Hilfe des Partners, selbst ohne die Freunde, einmal auf einer Wanderung durchschlagen. Eine Wanderung von Berlin nach Bernau, nur mit einem Rucksack, etwas zu Essen und zu Trinken. Das war früher auch der Sinn jener Jahre, in denen die Handwerker auf die Walz gingen. Letztlich muss man auf eigenen Füßen stehen können, allein sein können, damit man wirklich auf andere zugehen kann.

Sind wir glücklicher, wenn wir Nähe herstellen?

Können Sie sich vorstellen, allein mit dem Fahrrad um die Welt zu fahren? Eine Kollegin hatte diesen Mut und übernachtete auch allein in den Maisfeldern Australiens. Als ich sie fragte, ob sie keine Angst hatte, meinte sie: »Es war ja kein Mann in der Nähe.« Sie hatte eher Angst vor einer zu engen Bindung, und dies ist heutzutage typisch für viele Menschen. Auf einer Radtour sprach ich kürzlich mit einem Sozialarbeiter, der mir sogar sagte, er könne immer nur kurzfristige Beziehungen herstellen. Er würde sich leicht bedrängt fühlen. Für ihn wäre eine symbiotische Partnerschaft undenkbar. Lieber sei er allein. Und dann fragte er mich, ob ich nicht in der Therapie ein bestimmtes soziales Lebensmodell vermitteln würde. Ob ich nicht der Ansicht sei, dass grundsätzlich das Zusammenleben besser sei als das Getrenntleben. Nun ist es meine Aufgabe, alle Patienten zu verstehen, und dabei ist es wichtig, nicht zu werten. Doch tatsächlich meine ich, dass das Zusammenleben grundsätzlich günstiger für das Lebensglück ist als das Single-Leben. Es sei nicht gut, wenn der Mensch alleine sei – heißt es in der Bibel. Der Mensch ist ein soziales Wesen. Oder spöttisch ausgedrückt: Er ist ein Herdentier. Deshalb bedeutet es viel, wenn wir dem anderen sagen, ich liebe

Dich, du bist mein Mann, meine Frau. Das schafft eine Verlässlichkeit, eine Bindung, die sonst durch nichts im Leben zu erreichen ist. Wir spüren dann auf eine ungeheuer befreiende Weise, dass wir zu einem Menschen gehören, der uns auch in Krisenzeiten nicht verlassen wird. Und dies führt zu einer inneren Kraft, die viel wichtiger ist als jedes Geld der Welt.

Natürlich kann man auch als Single glücklich sein. ›Lieber ein Single als unglücklich verheiratet‹ – ist eine wichtige Erkenntnis der letzten Jahrzehnte. Mit Recht wurde vor 20 Jahren erkannt, dass das Single-Dasein durchaus eine gleichberechtigte Alternative zur Partnerschaft ist. Ja, man hatte damals sogar den Eindruck, dass das Single-Dasein die bessere Lebensform sei. Nun stimmt es sicherlich, dass das Aktivitätsniveau von Singles im Durchschnitt höher als das von Ehepaaren ist. Ein Single muss sein Leben sehr aktiv organisieren, um genügend viele soziale Beziehungen zu haben. Aber ist er auch glücklicher? Bei fast allen Menschen konnte ich feststellen, dass es ihnen besser ging, wenn sie sich in einer halbwegs befriedigenden Partnerschaft befanden. Ich bin daher überzeugt, dass man auf Dauer in einer Partnerschaft – trotz aller Probleme – glücklicher wird. Natürlich bringt eine Liebesbeziehung viele Probleme mit sich. Eine Beziehung kann auch zu Schwierigkeiten führen, die man sonst nicht hätte. Sie kann uns belasten, uns einschränken und sie ist keineswegs das Allheilmittel zum Glück. Und es mag im Einzelfall gute Gründe für ein Single-Leben geben. Aber ich unterstütze gern jede Frau, jeden Mann, die mir sagen, sie würden gern ihre Angst vor Nähe überwinden.

Männer wie Panzerknacker

Manchmal habe ich den Eindruck, dass wir auf eine einsame Gesellschaft zusteuern, denn in den letzten Jahren ist der Anteil von Frauen und Männern sehr gestiegen, die eine massive

Angst vor Nähe aufweisen. Vor zehn Jahren wurde der Anteil von bindungsängstlichen Männern auf 20 Prozent geschätzt, mittlerweile gibt es nach meiner Einschätzung ebenso viele bindungsängstliche Frauen. Nun sind vor allem die bindungsscheuen Männer durchaus bereit zu flirten. Sie können eine intensive Nähe herstellen. Sie treffen sich mit Frauen, schreiben ihnen E-Mails, telefonieren. Doch wenn es ernst wird, beenden sie die Beziehung. Frauen sind oft sehr empört über diese Männer. Sie haben das Gefühl, dass sie ein doppeltes Spiel treiben. Dass sie locken und es dann nicht ernst nehmen. Diese Empörung ist verständlich, denn diese Männer stellen erst viel Nähe her, es wird intensiv, immer intensiver – aber wenn die Bindung verbindlich werden könnte, bricht die Beziehung ab. »Wir haben uns jeden Tag geschrieben, jeden Morgen hatte ich auf dem Computer eine ganz liebenswürdige E-Mail. Er schrieb mir, er würde bei Kerzenschein und einem Glas Rotwein am Computer sitzen und seine Lieblingsmusik hören … und an mich denken. Er hätte sich so an meine E-Mails gewöhnt und wolle nicht mehr darauf verzichten … und plötzlich war dies alles eine Freundschaft – teilte er mir mit. Das darf doch nicht wahr sein«, empörte sich eine gute Freundin. Bindungsscheue Männer sind oft durchaus romantisch, träumen von der Liebe, aber sie bekommen Angst, wenn es ernst wird. Und sie sind für Frauen, die selbst eine Näheproblematik aufweisen, sehr attraktiv. Hier können Sie endlich einmal lieben. Eine meiner Patientinnen sagte einmal, distanzierte Männer seien für sie wie Panzerknacker. Sie würden unter ihrem Radarsystem hinwegtauchen. »Wenn ein Mann normal um mich wirbt, kann ich mich wehren. Dann bekomme ich Angst. Doch wenn ein Mann gelegentlich um mich wirbt, sich dann zurückzieht, bekomme ich Sehnsucht. Das ist doch gemein. Ich werde dann so hilflos. Plötzlich hilft meine ganze Vorsicht nichts, denn der andere will ja nichts von mir. Und nun will ich etwas. Und wenn der andere nur einige Tage wartet, will ich es mit Haut und Haaren, ich gehe richtig aus dem Kleister …«

Die seelischen Sicherheitstore

Die Liebesgefühle der Frauen enden bei diesen bindungsscheuen Männern meist in einem Drama. Denn die Abwehrhaltung der Frauen sinkt, wenn sich der Mann distanziert genug verhält. Und sie empfinden dann eine Sehnsucht, die sie schon als Kind verdrängen mussten, um sich gegen Enttäuschungen zu schützen. Oft gab es einen dominanten Vater, der auch noch getrunken hat oder eine kühle Mutter, auf die kein Verlass war. So musste sich das Kind schützen, sich zurückziehen und die Sehnsüchte blieben in einem Winkel des Herzens verborgen. Denn die Hoffnung, einmal doch geliebt zu werden, blieb bestehen. Und wenn es dann ein Mann schafft, in diese Innenwelt vorzudringen und das Bedürfnis nach Liebe zum Leben zu erwecken, entsteht in dieser erwachsenen Frau eine große Unruhe. Normalerweise würden sich dann ihre seelischen Sicherheitstore schließen, so dass sie das Experiment Liebe abbrechen würde. Doch wenn sich ein Mann immer nur am Horizont des Alltags bewegt, wenn keine wirkliche Sicherheit aufkommt – kann sie lieben. Sie liebt dort, wo jeder andere aufgeben würde. Ihr Liebesverlangen lodert dort auf, wo ihr ein Mann nicht zu nahe kommt. Würde er sie wirklich lieben und mit roten Rosen vor der Tür stehen, bekäme sie einen tiefen Schreck.

Die Sprache der Liebe

Bindungsscheue Männer beherrschen meist durchaus die Sprache der Liebe. Sie haben eine tiefe Sehnsucht nach Nähe. Doch diese Nähe war in ihrer Kindheit immer wieder so gefährdet, dass sie Künstler der Annäherung wurden, gleichzeitig aber auch Angst vor Bindung entwickelten. Sie sind in der Lage, die kleinen Signale der Nähe zu verstehen, zu erwidern, und so kommt es mit ihnen zu einem gegenseitigen Schwingen, was immer die Vorstufe der Liebe ist. Eine 55-jährige Lehrerin sagte mir einmal: »Es ist so gemein. Wenn er mich im Bett berührt, bin ich wie entfesselt. Er hat so sensible Hände, dass ich schwebe. Er ist gebildet, kennt Gedichte, spielt wunderbar auf der Geige … Er behält noch nach Monaten, was ich gesagt habe. Er spiegelt mir, dass ich für ihn eine große Bedeutung habe. Kürzlich habe ich ihm etwas vorgesungen und er hat mich immer wieder gebeten, es zu wiederholen, es sei zu schön. Er ist so aufmerksam, er bemerkt die Kleinigkeiten, die alle anderen übersehen. Ich bin mit ihm so glücklich und gleichzeitig verzweifelt, denn er kommt selten, manchmal kommt er drei Wochen nicht … Das halte ich nicht aus … Das verletzt mich so, dass ich die Beziehung beenden muss. Gleichzeitig bin ich unendlich traurig, denn etwas in mir liebt ihn noch immer.« Verstehen Sie die Verzweiflung dieser Frau? Ist es nicht so, dass wir es meist im Leben mit der Stumpfheit der Mitmenschen zu tun haben? Die meisten Männer sind freundlich, sind nett … aber man fühlt sich bei ihnen etwas einsam, nicht ganz angesprochen, sie reden viel, hören oft nicht richtig zu. Die bodenständige Liebe ist oft auch etwas gewöhnlich, die große Seelenverwandtschaft ist selten. Diese ist wirklich ein Hauptgewinn in der Lotterie des Lebens. Und das Drama besteht darin, dass gerade die bindungsscheuen Männer oft so sensibel und einfühlsam sind und die Sprache der Liebe beherrschen. Aber letztlich überwiegt bei ihnen die Angst vor der Liebe, so dass man bei ihnen in kurzer Folge sowohl den Himmel als auch die Hölle der Liebe erlebt.

Warnzeichen: Die Liebe gelingt nie …

Nun fragen Sie sich vielleicht, ob man sich vor solchen Liebeserlebnissen schützen kann? Dies könnte man, wenn man nicht während der Verliebtheit regelrecht den Verstand verlieren würde. Es ist ja ein Merkmal der Verliebtheit, dass man sich in einem fast rauschhaften Ausnahmezustand befindet. Deshalb registriert man auch nicht die deutlichen Warnsignale. Das deutlichste Warnzeichen besteht immer darin, dass bindungsängstliche Männer das Alleinleben verklären. Sie sehen überall nur Beziehungen, die unglücklich verlaufen. Natürlich gibt es viele schlechte Partnerschaften. Aber diese Männer haben eine sehr eingeschränkte Optik und sehen nur noch das Liebesunglück. Ein 43-jähriger Ingenieur, der noch nie eine längere Liebesbeziehung ›ausgehalten‹ hatte, meinte deshalb zu mir: »Schaun' Sie sich doch einmal die Beziehungen an. Die Männer sitzen immer vor dem Fernseher, man redet wenig miteinander, die Frauen bestimmen alles. und im Laufe der Zeit werden sie immer dicker. Nach einigen Jahren erkennt man sie doch kaum wieder. Sie haben doch eigentlich nur noch Angst vor dem Alleinsein, das hält letztlich alles zusammen.« Natürlich müssen wir zugeben, dass darin ein Körnchen Wahrheit liegt. Aber diese abwertende Sichtweise ist doch sehr übertrieben. Sie ist von einer Angst diktiert, die der seelischen Sicherung dient. Meist sind solche Männer in der Kindheit sehr enttäuscht worden. Sie fürchten, dass sich diese Enttäuschung wiederholen könnte. Zwar sind sie am Anfang einer kleinen Liebesaffäre sehr wohl ›auf Wolke sieben‹. Doch dann meldet sich die Angst wieder. Sie haben Angst, wieder verlassen zu werden, und erleben zunehmend die Liebe als Bedrohung.

Die Gefühlsdämpfer

Und nun müssen sie emotionale Dämpfer in die Beziehung einbauen, um der Angst Rechnung zu tragen und nicht die Kontrolle zu verlieren. Sie müssen Gefühle zurücknehmen, die Intensität der Begegnung mildern. Und dies machen sie radikal: Sie sehen beim anderen viele Fehler, kühlen plötzlich ab. Sie fühlen sich bedrängt, empfinden das Verhalten der

Frauen als übergriffig. Ihre Liebesgefühle erkalten, indem sie überall nur Menschen sehen, die einander verletzen und sich schaden. Der Schriftsteller Flaubert war ein Experte in diesem Drosseln der Gefühle. An George Sand schrieb er einmal: »Der Anblick einer nackten Frau lässt mich über ihr Skelett nachdenken.« Doch auch er klagte am Ende seines Lebens darüber, kein Wesen zum Lieben und zum Streicheln zu haben. Tatsächlich empfinden bindungsängstliche Männer eine große Sehnsucht nach Nähe. Diese können sie aber kaum steuern. Sie erwarten zu viel von der Liebe, weil sie zu wenige Freundschaften haben. Wir müssen sehr im sozialen Leben verankert sein, um uns dem Strudel der Liebe gefahrlos aussetzen zu können. Denn gefährlich ist die Liebe immer. Sonst ergeht es uns so wie den Schiffern, die am Felsen der Loreley zerschellten, weil sie nur noch ein Auge für die schöne Jungfrau hatten, die sich ihr Haar kämmte.

Die Verwandlung: Jekyll zu Hyde

Es kann unser Leben sehr durchrütteln, wenn die Liebe an die Tür klopft. Doch wenn wir ohne zu große seelische Verletzungen durchs Leben gekommen sind, hoffen wir dennoch unverzagt darauf, dass wir geliebt werden. Und wir werden immer ruhiger, wenn diese Hoffnung zur Gewissheit wird. Doch wer im Leben zu sehr enttäuscht wird, erlebt die zunehmende Liebe eher als Bedrohung. Dann tauchen unverarbeitete Kindheitsgefühle auf, sie werden so frisch erlebt, als hätten sie sich gestern ereignet. Natürlich erinnert man sich in dieser Situation nicht konkret an die Kindheit, aber die Erinnerungsspuren werden wieder lebendig. Es sind Erlebnisse, in denen wir ohnmächtig waren, anderen Menschen ausgeliefert, die uns verunsichert und verletzt haben. Und nun übertragen wir diese Gefühlserfahrungen auf die aufkeimende Liebe. »Es war wie im Krieg. Er war vorher so zärtlich und liebenswürdig, und plötzlich war ich mit einer Wut konfrontiert, mit einer solchen Aggression, dass ich völlig platt war. Ich ahnte, dass das nichts mit mir zu tun hat. Und trotzdem hat mich das umgehauen. Ich dachte: Du bist hier im falschen Film. Es war so wie die Verwandlung von Jekyll zu Hyde – für mich wurde er zum Monster«, klagte eine Kollegin, die regelrecht erschüttert war. Denn dieser Umschwung kam für sie unerwartet. Er passiert genau dann, wenn er sich wirklich verliebt. Er darf flirten, sich ein wenig verlieben, aber es darf nicht ernst werden. Dann verliert er die Kontrolle und die Alarmanlage schrillt. Wenn er das Leuchten in ihren Augen sieht, muss er immer Angst haben, dass dies Feuer auf ihn überspringt. Deshalb wird sie ihm zum Feind, zum unerwünschten Eindringling. Und so ist auch der Vorwurf zu verstehen: »Du hast dich in mich verliebt. Das klang so, als wäre es eine unanständige Handlung. Dabei hat er doch wie verrückt um mich geworben, ich verstehe das nicht«, sagte mir erschüttert diese Kollegin.

Wir können uns verändern

Vor allem nach der Lebensmitte nimmt der Anteil von Menschen sehr zu, die sich nicht mehr auf das Wagnis ›Liebe‹ einlassen wollen. Das Verhältnis zur Nähe bzw. Distanz ist in unserem Leben keineswegs statisch. Es gibt viele Menschen, die am Anfang des Lebens durchaus vertrauensselig waren und sich irgendwann innerlich abgekapselt haben. Viele Frauen machen die Erfahrung, dass sie in Liebesbeziehungen zu sehr verletzt wurden und sich zu sehr um ›ihn‹ und die Kinder kümmern mussten. Sie entscheiden sich oft in der Mitte des Lebens dafür, keine Nähe mehr zuzulassen, die auf ihre Kosten geht. Und dies endet häufig in einem völligen emotionalen Rückzug. Aber es gibt auch Menschen, die im Laufe der Zeit nähefähiger werden. Typisch für sie ist, dass sie sich in einem allgemeinen Entwicklungsprozess befinden. Gewissermaßen gleicht ihr Leben einer großen Blüte, die langsam aufgeht. Solche Menschen haben das Glück, dass sie vom Leben nicht zerrieben, sondern eher mutiger und lebendiger werden. Diesen Eindruck hatte ich jedenfalls bei einem guten Freund, der mir sagte: »Ich hatte eine dermaßen bedrängende Mutter, ich habe mir als Jugendlicher gewünscht, auf einem Turm zu leben. Ich konnte mir eine zu intensive Nähe nicht vorstellen. Dann lernte ich mit 19 Jahren eine wunderschöne junge Frau kennen. In sie verliebte ich mich, aber diese intensive Liebe war für mich zu früh, ich fühlte mich eingesperrt und trennte mich. Ich konnte eher lieben, wenn ich mit einer distanzierten Frau zusammen war. Dort konnte ich Sehnsucht entwickeln, aber ich empfand auch viele Defizite. Und so trennte ich mich wieder, wurde selbstbewusster und traf eine nette Frau, die mir meine Freiheit ließ, aber immer gern mit mir übernachtete. Und plötzlich gefiel es mir, dass sie nachts halb auf mir lag, mir die Hand hielt. Mir gefiel das und ich lag oft noch ein wenig wach, hörte ihren Atem und war glücklich.«

Die Überwindung der Bindungsangst

Die Angst vor Nähe lässt sich offenbar überwinden. Das ist zwar nicht einfach, aber ich will Ihnen drei wichtige Hinweise geben:

1. Die Überwindung der Abhängigkeit:

Menschen mit einer Beziehungsangst sind von ihrer Liebesbeziehung oft zu abhängig. Sie sollten wie ein ordentlicher Kaufmann lernen, die Lebensrisiken zu verteilen. Ich gebe meinen Patienten oft einen Ratschlag: Wenn sie auf der Partnerschaftssuche sind, sollten sie vorher so viele freundschaftliche Kontakte beginnen, dass sie sozial abgesättigt sind. Und sie sollten sich um ihren Beruf kümmern und Sport treiben.

Kurzum: Sie sollten das ganze Leben intensivieren – dann kann auch der Sturm der Liebe sie nicht entwurzeln, dann haben sie genug Selbstbewusstsein, um in den Irrungen und Wirren der Liebe nicht zu verzweifeln.

2. Man muss lernen sich durchzusetzen:

Wer eine zu große Angst vor Nähe hat, empfindet den anderen zu sehr als Eindringling und hat keine realistische Vorstellung, wie er Konflikte und Machtprobleme lösen kann. Nur wenn wir darauf eine Antwort haben, bleiben wir handlungsfähig und haben den Mut zur Liebe. Die Angst vor Nähe besteht ja meist darin, dass wir glauben, anderen nicht gewachsen zu sein. Wir haben erlebt, dass wir verletzt wurden, enttäuscht, dass unsere Interessen nicht gewahrt wurden. Davor müssen wir uns schützen und lernen, besser zu kämpfen, um nähefähiger zu sein.

3. Die Nähe zu sich selbst:

Am wichtigsten ist jedoch die Nähe zu uns selbst, wir müssen die eigenen Gefühle spüren, dürfen diese nicht verdrängen, müssen uns selbst aushalten. Wir müssen spüren, wie mutig, aber auch wie ängstlich wir gelegentlich sind, was uns im Leben fehlt und müssen unseren eigenen Lebensweg immer wieder finden. Und wir müssen uns erinnern. Nur wenn wir uns auch die schwierigen, auch die schmerzhaften Erlebnisse spürend bewusstmachen, die uns geprägt haben, können wir jene Sicherungsmuster überwinden, die wir einst zum Schutz unseres Lebens aufbauen mussten. Doch dazu gehört der Mut, dass wir uns der eigenen Vergangenheit stellen. Wir müssen uns auch mit jenen Erlebnissen auseinandersetzen, in denen wir schreckliche Angst hatten, uns gedemütigt fühlten. Und wir müssen lernen, so stark zu werden, dass eine Wiederholung solcher Erlebnisse unwahrscheinlich ist.

Wenn bindungsängstliche Menschen ihre Kindheit nicht aufarbeiten, keinen Zugang zu ihrem Innenleben finden, ihre eigenen Probleme verdrängen, sind sie meist dazu ›verurteilt‹ immer wieder die gleichen Lebenserfahrungen zu machen. Sie werden ausgenutzt und enttäuscht, verlassen und verletzt. Und diese Erfahrungen verstärken die bereits vorhandene Rückzugsneigung. Und so können sich solche Menschen dort nicht einlassen, wo sie liebevoll verstanden werden und ihre traumatischen Kindheitserfahrungen überwinden könnten.

Die Lippen einer Frau sind
das schönste Tor zu ihrer Seele.

Chinesische Weisheit

Die vier Königswege der Nähe

Ist die Nähe zu anderen Menschen nicht ein Geheimnis? Zumindest ist sie sehr schillernd, denn sie kann uns beglücken, aber auch ängstigen oder bedrängen. Deshalb müssen wir immer wieder den Prozess der Nähe steuern. Doch wie entsteht überhaupt diese rätselhafte Nähe? Es ist ein Brückenschlag, der seine Wirkung schon dann entfalten kann, wenn man sich intensiv anschaut. Bereits der scheinbar flüchtige Blick zwischen einer Frau und einem fremden Mann kann ein Gefühl der Nähe auslösen. Aber im Allgemeinen gibt es vier Königswege zur Nähe und das sind das Gespräch, die Zärtlichkeit, das Küssen und die Sexualität. Nun mögen Sie einwenden, dass dies nicht stimmt. Es gibt auch gemeinsame Tätigkeiten und Erlebnisse, die eine starke Vertrautheit hervorrufen. Stellen Sie sich einmal vor, Sie sind mit einem Kollegen auf einer Skitour, machen Rast in einer Hütte, werden eingeschneit, draußen stürmt es, drinnen lodert das Feuer und man lauscht zusammen dem heulenden Sturm, der an den Fensterläden rüttelt. Solche Erlebnisse schaffen eine unglaubliche Nähe. Und Sie spüren sehr stark: Alles drängt nach körperlicher Nähe oder einem vertrauten Gespräch.

Zärtlichkeiten sind die Basis der Liebe

Zunächst erscheint die körperliche Berührung als der einfachste Weg der Nähe. Schließlich ist die körperliche Berührung das Ur-Erlebnis unseres Daseins. Ursprünglich waren wir eng mit der Mutter verbunden, diese kümmerte sich Tag und Nacht um uns. Unsere Entwicklung zum Erwachsenen war auch ein Abschied von dem engen körperlichen Kontakt, der einst so beruhigend war. Und diese körperliche Innigkeit finden wir wieder, wenn wir lieben. Wenn wir den Partner anfassen, zärtlich sind, kann eine unendlich intensive Verbindung entstehen. Wir spüren, dass wir plötzlich angeregt sind und zugleich ruhig werden, alles andere tritt in den Hintergrund. Jede neue Liebe fängt mit diesen Zärtlichkeiten an, die Stefan Zweig in einem Gedicht so anrührend beschrieben hat:

Ich liebe jene ersten bangen Zärtlichkeiten,
die halb noch Frage sind und halb schon Anvertrauen.
Ein Duft sind sie, des Blutes flüchtigste Berührung,
ein rascher Blick, ein Lächeln, eine leise Hand … –
Noch sanft und absichtslos und leise nur verwirrt,
wie Bäume, die dem Frühlingswind entgegen beben …

Vor allem bei diesen Zärtlichkeiten wird uns klar, dass es hier nicht auf körperliche Geschicklichkeit, nicht auf Techniken ankommt. Vielmehr findet durch den körperlichen Austausch eine Berührung der Seelen statt. Und hierbei hat jeder Mensch ein individuelles Zärtlichkeitsmuster. Mir fällt immer auf, wie unterschiedlich allein der Händedruck von Menschen – dieser ersten körperlichen Visitenkarte – ist. Es gibt den harten Händedruck, bei dem man sich fragt, ob der andere eine zupackende Arbeit ausübt. Es gibt einen sehr weichen, unentschlossenen Händedruck. Und eher selten gibt es einen sinnlichen, warmen Händedruck, bei dem eine wirkliche Begegnung stattfindet. Und ebenso ist dies natürlich bei der Berührung in der

Partnerschaft. Sie ist die körperliche Fortsetzung des Gesprächs, es ist die Kommunikation der Finger. Und dazu muss man körperlich ›zuhören‹ können, man muss sich in den anderen hineinversetzen und spüren. Wenn der Partner dazu in der Lage ist, fangen wir an zu jubeln. Denn dann streichelt er uns so, als würde er unsere Wünsche erraten. Das bedeutet nicht, dass man nicht gelegentlich Bedürfnisse äußern muss. Mir geht es hier um den Faktor Einfühlungsvermögen. Wenn dieser vorhanden ist, entsteht jene Nähe, die wir in den Zärtlichkeiten suchen. Dann kommt es zu jenem innigen Austausch, die Lemaire so schön beschrieben hat: »Ich berühre ihre Haut, die warm und zart ist … und unter oder hinter der Haut vermutet meine tastende Hand das pulsierende Leben. Indem ich berühre, werde ich immer mit berührt.«[7]

Ohne Zärtlichkeiten stirbt die Liebe

Solche Berührungen sind so schön und so wichtig für die Liebe, dass der amerikanische Schriftsteller Nathaniel Hawthorne meinte: »Zärtlichkeiten sind ebenso notwendig für das Gefühlsleben wie die Blätter für die Bäume. Ohne sie stirbt die Liebe von der Wurzel her ab.« Ohne diese Zärtlichkeiten entsteht keine Nähe. Wenn zwei Partner ihre Zärtlichkeit einstellen, leben sie wie Einzelwesen nebeneinander her. Insofern sind Zärtlichkeiten die eigentliche Basis der Beziehung. 80 Prozent der Bundesbürger gaben demzufolge in einer Umfrage der Universität Landau an, dass sie dem Schmusen und Streicheln hohe Bedeutung beimessen. Dies gilt vor allem für Frauen. In einer von mir durchgeführten Umfrage, sagten mir 35 Prozent der Frauen, dass sie sich mehr Zärtlichkeit wünschen.

Wenn man dem Partner das Frühstück ans Bett bringt

Nun kann die Zärtlichkeit leidenschaftlich und neugierig, erotisch, aber auch geschwisterlich sein. Man kann Hand in Hand spazieren gehen, den Arm um den Partner legen oder manchmal einfach nur zärtlich seinen Kopf berühren. Dies alles ist jener zärtliche Austausch, der in einer gestörten Beziehung zunehmend eingestellt wird. Doch die Sprache der Zärtlichkeiten hat noch viele andere Ausdrucksformen: Sie kann darin bestehen, dass wir dem Partner das Frühstück ans Bett bringen oder ihm Komplimente machen. Ein selbstgebackener Kuchen, ein gemaltes Bild – dies alles kann ein zärtlicher Ausdruck der Liebe sein. Wer frisch verliebt ist, kennt die vielen kleinen Zettel, die man dem anderen als Gruß hinterlässt: Ich liebe Dich, der Tag mit dir war schön, ich sehne mich nach dir …

Diese Zärtlichkeiten stellen nicht nur Nähe her, sie verändern und beruhigen auch unsere Lebensstimmung. Wir sind ausgeglichener und auch in der Lage, besser den Alltagsstress zu bewältigen. Berührungen können uns helfen, erfolgreicher zu lernen, unser Schmerzempfinden wird geringer. Und Zärtlichkeiten führen offenbar dazu, dass etwas sehr Kostbares entsteht: Vertrauen. Ich spüre hautnah: Du meinst es gut mit mir. Indem wir uns gehalten, aufgehoben und beschützt fühlen, hat Zärtlichkeit eine sehr beruhigende Wirkung. Denn Zärtlichkeit entsteht vor allem dort, wo der andere verletzlich ist: das kleine Kind, ein schlafender Mensch. Alles was zart ist, erregt in uns Zärtlichkeit. Sonst müssen wir im Leben kämpfen, müssen stark sein, konkurrieren. Doch in den Stunden der Zärtlichkeit fällt diese Anpassung von uns ab. Wir müssen uns nicht beweisen, sind nicht allein. Dann spüren wir nicht mehr, wie schutzbedürftig wir sind. Wie wichtig dies ist, hat bereits der römische Philosoph Seneca verdeutlicht, indem er fragte: »Was ist der Mensch? Ein Gefäß, das zerbricht, wenn man es nur schüttelt oder rüttelt. Es bedarf keines großen Sturmes, damit du zerspringest … Was ist der Mensch?

Ein schwacher, hinfälliger Körper, nackt, von Natur aus wehrlos, fremder Hilfe bedürftig, allen Kränkungen des Schicksals ausgeliefert.« Das mag dramatisch klingen. Doch jeder wird Seneca verstehen, wenn er einmal sehr krank war oder den Belastungen des Lebens kaum standhalten konnte. Dann wird man besonders intensiv erleben, welche tröstende Wirkung die Zärtlichkeit eines Partners hat. Zu Recht meinte einmal Rilke: Liebe sei, dass sich zwei beschützen und miteinander reden. Das brauchen wir, um das stürmische Leben zu bewältigen.

Die Kunst des Küssens

Zärtlichkeiten können sehr intensiv sein, aber sie können mitunter auch eine fast freundliche Komponente haben. Denken Sie an ein altes Ehepaar, das abends auf einer Bank sitzt. Er hält ihre Hand und streichelt sie. Das ist eine sehr zärtliche Geste, die aber nicht unbedingt sehr erotisch ist. Insofern ist das Küssen oft wesentlich intensiver. Für viele Paare ist das Küssen fast intimer als die Sexualität. Erinnern Sie sich noch an leidenschaftliche Küsse? Das ist doch oft inniger als eine normale Sexualität. Wenn die Nähe verloren geht, können sich Ehepaare durchaus umarmen, manchmal auch zärtlich sein. Auch die Sexualität ist durchaus möglich. Aber das leidenschaftliche Küssen wird vermieden. Deshalb ist das Küssen vielleicht die intimste Form körperlicher Nähe. Die Art des Küssens sagt viel über den Zustand einer Ehe aus. Deshalb unterscheide ich zwischen

- dem flüchtigen Kuss, der eher ein Ritual ist. Wenn nur noch so geküsst wird, ist keine erotische Nähe mehr vorhanden
- dem intensiven Kuss auf den Mund, der einige Sekunden dauert. Er zeigt, dass die Erotik lebendig ist. Und dann gibt es den

- leidenschaftlichen Kuss, der viele Minuten dauert und ein Feuerwerk der Gefühle auslöst. Er ist Ausdruck für eine tiefe erotische Begegnung.

Aber auch bei den leidenschaftlichen Küssen gibt es große »Qualitätsunterschiede«. Ein guter Freund, der früher viele Frauenbekanntschaften hatte, vertraute mir einmal an: »Ich habe Frauen immer gern geküsst. Aber oft waren die Frauen beim Küssen zu stürmisch, zu schnell. Andere waren zu sachlich, zu zurückhaltend. Wirklich ins Schwingen bin ich nur mit einer Frau gekommen. Ihre Küsse waren für mich eine Offenbarung. Sie küsste zunächst sanft und zart und wurde dann immer leidenschaftlicher. Ich habe sie vor Jahren zum letzten Mal gesehen, aber ihre Küsse kann ich nicht vergessen.«

Offenbar ist es nicht leicht, gut zu küssen, denn dies erfordert nicht nur sehr viel Leidenschaft, sondern auch Achtsamkeit. Wir müssen spüren, was dem Partner gefällt – denn Küssen ist Teamarbeit. Selbstverständlich ist dies wohl nicht und so höre ich vor allem von Ehefrauen oft die Klage, dass ihr Mann nicht richtig küssen könne. Er würde zu schnell küssen, seine Küsse wären zu feucht, zu kurz. Meist ist dies aber keine Frage der Technik, es ist mehr eine Frage seiner Persönlichkeit. Wie wir küssen ist ein Ausdruck unserer gesamten Seelenwelt. Deshalb gibt es einen riesigen Unterschied zwischen dem Kussverhalten ruhiger, aufgeregter und leidenschaftlicher Menschen. Das wissen vor allem Frauen. US-Forscher haben in einer Studie nachgewiesen, dass für sie das Küssen wichtiger ist als für Männer. Sie könnten anhand des Küssens genau sehen, ob sie mit einem Mann zusammenpassen. Kann ein Mann nicht gut küssen, würden 60 Prozent der Frauen auf einen weiteren Kontakt verzichten. Und sie können oft anhand des Küssens auch die Beziehungsqualität erkennen: Gibt es zwischen uns noch eine intensive Nähe oder ist bereits ein großer Abstand eingetreten, gibt es nur noch eine Alltagsroutine der Liebe.[8] Für Frauen gilt meist eine Grundregel: Im Laufe der Beziehung nimmt für sie die Bedeutung des Küssens zu, während sie bei den Männern abnimmt. Für Männer wird eher die Sexualität wichtig, sie würden auch mit Frauen schlafen, ohne sie vorher zu küssen. Dies jedoch lehnen die meisten Frauen ab.

Die sexuelle Begegnung

Leidenschaftliche Küsse lösen häufig in uns den Wunsch nach einer vollständigen körperlichen Nähe aus. Insofern steht die Sexualität am Ende einer Nähe-Entwicklung: Man redet miteinander, ist zärtlich, küsst sich und schläft miteinander. Die Sexualität ist gewissermaßen der Höhepunkt dieser Vereinigung. Und da man dabei nicht unbedingt reden muss, macht die Sexualität immer den Eindruck, als wäre dies ganz einfach. In Wirklichkeit ist die Sexualität ein sehr komplizierter Vorgang. Man muss darauf achten, was der andere möchte, dessen Erregung wahrnehmen und seine Bedürfnisse spüren. Und gleichzeitig empfindet man die eigene lustvolle Erregung, die immer stärker zum Höhepunkt drängt. Selten gelingt es, dass die Sexualität sowohl das leidenschaftliche Verlangen als auch das zärtliche Bedürfnis nach Nähe enthält. Meist überwiegen einzelne Elemente: So gibt es den romantischen Kuschel-Sex, der teilweise eher ruhig und vorsichtig ist, es gibt den leidenschaftlichen Sex, in dem sich beide sehr nahe kommen und es gibt auch eine Sexualität, die sehr auf Triebbefriedigung abgestellt ist. Gewissermaßen wird der Partner zum Sexualobjekt. Zärtlichkeiten sind dann unwichtig, alles findet in einer relativ distanzierten Atmosphäre statt. Das kommt auch in der Sprache zum Ausdruck. Manchen Männern gefällt es, davon zu reden, dass sie die Frauen rannehmen, es ihnen zeigen. Gewissermaßen geben sich hier Lust- und Machtbedürfnis die Hand, es geht nicht um Nähe, sondern um Überwältigt-Werden bzw. ums Überwältigen. Natürlich ist es wunderbar, wenn von dieser Affektstimmung immer ein wenig in der Sexualität enthalten ist.

Die Sexualität soll ja kein Kindergeburtstag sein, hier schlafen nicht zwei Engel miteinander und zupfen die Harfe. Man soll auch seine triebhaften Gelüste rauslassen. »Man soll auch das Tier in sich entfesseln« – pflegte eine sehr herzliche Freundin zu sagen. Aber wenn der Wunsch nach Nähe kaum noch vorhanden ist, wird die Sexualität zu einer reinen Triebabfuhr. Die meisten Frauen sind zu einer solchen Sexualität kaum bereit. Sie brauchen eine seelische Nähe, damit eine körperliche Nähe zustande kommt. »Wenn mein Mann mit mir schlafen will, muss er morgens anfangen, um mich zu werben. Das geht doch nicht so hopp-hopp. Da muss die richtige Stimmung entstehen. Mein Mann hat das inzwischen auch kapiert. Er redet dann schon morgens am Frühstückstisch mit mir. Sonst liest er immer die Zeitung. Doch wenn er nach dem Aufstehen mit mir redet, muss ich schmunzeln und denke mir: oho … Dann räumt er die Geschirrspülmaschine aus und geht abends zusammen mit mir ins Bett. Und mir gefällt das, ich fühle mich dadurch ernst genommen. Und ich gebe ihm dann immer kleine Zeichen, dass ich dazu bereit bin. Ich ziehe mir ein besonders schönes Nachthemd an …« – so eine 48-jährige Physiotherapeutin, die seit 14 Jahren verheiratet ist.

Das Nach-Spiel

Allerdings ist es für die meisten Frauen nicht nur wichtig, dass vor der Sexualität eine intensive Nähe vorhanden ist. Sie wollen auch nach der Sexualität noch etwas liegen bleiben und nachspüren. Doch die meisten Männer haben eher die Angewohnheit, aus dem Bett zu springen, um sich dann wieder ›dem Leben‹ zuzuwenden. Häufig wollen sie weder ein langes Vorspiel, noch ein Nachspiel, sie haben mitunter auch Schwierigkeiten, ihre Frau während dem Sex zu küssen. Das ist alles zu viel Nähe, und wenn Frauen diese dann doch einfordern, weichen sie aus. Natürlich hat jeder in der Liebe und auch in der Sexualität andere Vorstellungen von Nähe. Aber für viele Frauen besteht der Höhepunkt der Sexualität in dem Wunsch, mit dem Partner zu verschmelzen, alle Grenzen aufzuheben. Allerdings sind vielen Männern diese Verschmelzungswünsche suspekt. »Wenn ich das höre, wird mir ganz merkwürdig. Ich will doch nicht verschmelzen. Ich will wissen, wo mein Leben beginnt und wo es aufhört«, sagte mir ein sportlicher 45-jähriger Ingenieur, der sich vornehmlich für Technik interessierte und allen Gefühlen eher skeptisch gegenüber stand. Aber vielleicht kennen Sie den Wunsch, dem Partner gelegentlich so nahe zu sein, dass es keinen Abstand mehr gibt? Dass Sie sich so wohl fühlen, dass Sie den Partner nicht mehr loslassen wollen. Und dass Sie während der Sexualität spüren, dass Sie die Kontrolle verlieren und mit dem Partner eins sind? Dann können Sie sicher auch die Aussage von Hemingway verstehen: »Nachher werden wir wie *ein* Tier des Waldes sein und so nahe beisammen sein, dass keiner mehr wissen wird, dass der eine von uns der eine ist und nicht der andere. Fühlst du nicht, dass mein Herz dein Herz ist? – Ja. Es ist kein Unterschied.«[9]

Der sexuelle Puffer

Eine solche Nähe in der Sexualität strahlt natürlich auf die gesamte Beziehung aus. Selbst wenn der andere weit entfernt ist, ist man von dieser intensiven, körperlichen Nähe erfüllt. Und dies wirkt sehr ausgleichend und beruhigend in den vielen Alltagssituationen, die immer auch konfliktträchtig sind. Wenn er wiederholt sehr spät aus dem Büro kommt, könnten wir eifersüchtig werden, oder aber wir registrieren, dass er wirklich lange arbeiten musste und massieren ihm die Schulter. Die Innigkeit in der Sexualität wirkt entspannend auf die gesamte Beziehung. Das spürt man am deutlichsten, wenn ein Pärchen nicht mehr miteinander schläft. Dann fehlt dieser ›Puffer‹, und Konflikte eskalieren wesentlich schneller. Insofern beeinflusst es natürlich eine Beziehung auf dramatische Weise, dass wir in Konfliktzeiten fast immer auch die Sexualität reduzieren. Dann dient der Rückgang der Sexualität natürlich immer auch dazu, die eigenen Distanzbedürfnisse zu regulieren. Wenn man zum anderen etwas Abstand herstellen möchte, muss man sich vor allem sexuell zurückziehen. Doch dadurch bekommt dann die gesamte Beziehung einen Dämpfer, sie wird im Bereich der Leidenschaft gedimmt.

Wenn die Sexualität einschläft

Der Rückgang der Sexualität wird immer wieder damit erklärt, dass zu viel Nähe entstanden sei. Diese Aussage verwirrt: Kann denn Nähe wirklich so negativ wirken, dass sie die Sehnsucht nach körperlicher Nähe erstickt? Ich halte eine solche Aussage für das Ergebnis falscher Beobachtungen und sprachlichen Schlendrian. Es ist nach meinen Studien keineswegs zu viel Nähe vorhanden. Vielmehr gibt es zu wenig Nähe, beide Ehepartner haben sich enttäuscht und gekränkt zurückgezogen und stellen dann die Sexualität ein. Jeder hat sich in eine Sicherheitszone begeben. Etwas salopp meinte einmal ein Kollege: »Man hat es sich gemütlich in seinem Schützengraben eingerichtet. Es besteht noch eine gewisse Nähe, gleichzeitig wird man nicht mehr enttäuscht, gewissermaßen hat man dann den Standard einer Jugendherberge.« Dann zieht man sich immer weiter zurück: Man ist genervt, enttäuscht, verletzt, gekränkt. Wir könnten den Partner auf den Mond schießen, weil er uns schon wieder nicht zugehört hat, weil er etwas vergessen hat, weil es einen heftigen Konflikt gab, und nun liegen wir im Bett, sind ziemlich sauer, und schon ist natürlich nicht daran zu denken, miteinander zu schlafen. Zwar gibt es dann gelegentlich die Versöhnungssexualität. Sie ist oft besonders schön, weil sie die Sehnsucht nach Vereinigung und zugleich immer auch eine große Leidenschaft enthält, die zudem Reste der erlebten Aggression beinhaltet.

Sigmund Freud war der Ansicht, dass die geglückte Sexualität immer eine Mischung aus Zärtlichkeit und ein wenig Aggression ist. Schließlich geht es bei der Sexualität auch darum, dass man den anderen verführt, in ihn eindringt bzw. dies zulässt und ihn dazu bringt, die Kontrolle zu verlieren. Deshalb ist die Versöhnungssexualität oft so intensiv. Zudem hat sie den Vorteil, dass man nicht mehr über alles sprechen muss, sich nicht über alle schwierigen Punkte einigen muss. Man schläft miteinander und signalisiert dadurch dem anderen, dass man sich wieder gut ist. Doch wenn zu viel Abstand entstanden ist, gibt es solche Versöhnungssexualität nicht. Dann gibt es einen Graben, den keiner mehr überspringen will und kann. Insofern ist es nicht die zu große Nähe, die den Rückgang der Sexualität auslöst. Es sind vielmehr die kleinen Konflikte im Alltag, die dazu führen können, dass für uns der Partner nicht mehr attraktiv ist: Da kommt er wieder einmal eine halbe Stunde später zum Essen, hört nicht richtig zu, sitzt anschließend vor dem Fernseher und trinkt zu viel Bier. Wenn Sie in die Küche gehen, stellen Sie fest, dass er seine schmutzigen Teller nicht in die Geschirrspülmaschine geräumt hat. Und wenn Sie ihn dann bitten, Ihnen den Rücken zu massieren, weil sie durch die Gartenarbeiten völlig verspannt sind, macht er das so lieblos, dass Sie wütend werden. Das sind ganz typische Situationen eines Ehealltags. Sie zeigen, dass es immer wieder viele kleine Begebenheiten gibt, in denen wir enttäuscht, desillusioniert sind. Wir bleiben trotzdem zusammen, denn manchmal wirbt er auch um Sie, es gibt die schönen Urlaube. Und manchmal sitzen Sie am Wochenende auf der Terrasse und reden miteinander, und in diesen Situationen spüren Sie, dass Sie ein Verlangen danach haben, ihn zu umarmen, ihm nahe zu sein, mit ihm zu schlafen.

Sexualität in langen Ehen

Nähe ist offenbar ein guter Nährboden für Sexualität und fördert wiederum die Nähe. Dies haben zahlreiche Studien nachgewiesen. Sie zeigen, dass es gerade in Langzeitbeziehungen eine gute Sexualität gibt, wenn Nähe vorhanden ist. So kam die amerikanische Psychologin Peggy Kleinplatz zu der Erkenntnis, dass in vielen Langzeitbeziehungen eine gute Sexualität besteht. Sie suchte sich Paare, die seit mindestens 25 Jahren zusammen waren und kam zum Ergebnis, dass ihre Sexualität im Laufe der Zeit immer besser und tiefer wurde.[10] Schließlich käme es nicht auf sportliche Gelenkigkeit, sondern auf die emotionale Verbindung mit dem Partner an. Inzwischen gibt es viele solcher Befunde. Sie sind deshalb eine Sensation, weil damit jahrzehntelange Vorurteile korrigiert wurden. Beispielsweise war Wilhelm Reich der Meinung, dass die erotische Anziehung immer nur wenige Jahre andauern könne. Sie diene dazu, dass man in Ruhe die Kinder großziehen könne, dann wäre nur noch eine Kameradschaft vorhanden. Wer dann eine erfüllte Sexualität erleben wolle, müsse fremdgehen. Das ist Unsinn. Hier wird der schlechte Verlauf einer Ehe – den wir häufig beobachten müssen – zu einem Naturgesetz erklärt. Es ist auch nach 25 Jahren Ehe noch möglich, eine leidenschaftliche Sexualität zu haben. Doch dazu muss es immer wieder gelingen, eine intensive Nähe herzustellen.

Das ist allerdings nicht leicht. Sie kennen sicher auch Ehepaare, die sich nur noch auf die Wange küssen. Sie arbeitet abends in der Küche, er sieht fern, sie geht immer früher als er schlafen. Es gibt nur noch eine geschwisterliche Erotik. Man umarmt sich zwar kurz, aber man schläft nicht mehr miteinander. Dann ist es ausgesprochen schwierig, wieder jene spontane Nähe herzustellen, die früher so leicht möglich war. Denn der vorhandene Abstand ist das Ergebnis vieler Enttäuschungen, nicht gesprochener Worte, vieler kleiner Rückzüge, Konflikte und Empfindlichkeiten. Und nun hat jeder eine Sicherheitsdistanz eingelegt. Die muss wieder rückgängig gemacht werden. Zwar muss man nicht jeden Konflikt aufarbeiten, aber jeder muss doch innerlich zu einer Annäherung bereit sein. Jeder muss quasi über seinen Schatten springen und die Sicherheit der Distanz zugunsten einer lebendigen Liebe aufgeben. Das mag einfach erscheinen, aber wie schwierig dies ist, zeigt sich vor allem in der Sexualität. Man mag manches noch bei einem Gläschen Rotwein aussprechen und dann versichert man dem anderen, man sei sich wieder gut. Aber im Bett zeigt sich, ob wirklich wieder Nähe vorhanden ist, ob man tatsächlich dem anderen vertraut. Ob man sich dem anderen dann auch mit seinen Schwächen zumuten kann. Und das fällt den Männern erfahrungsgemäß sehr schwer. Denn wenn sie sich wieder auf die Sexualität einlassen, ist oft ihr Geschlechtsteil genau so irritiert wie sie. »Das hat mich doch sehr verwundert«, berichtete mir ein 50-jähriger Fernfahrer. »Früher stand bei mir alles wie ein Mann. Und plötzlich war ›er‹ Pudding. Nicht ganz, es war schon etwas steif, aber an eindringen war nicht zu denken. Und ich schämte mich, war gekränkt und wochenlang gab es keinen Sex mehr« … Seine Ehefrau war zunächst ziemlich ratlos, verstand dann aber die Situation. Sie hatte begriffen, wie angespannt er war, dass er Angst hatte. Und so versuchte sie, sein ›Ego zu streicheln‹ – wie sie es ausdrückte. Sie sagte ihm, er sei ein toller Mann und hatte Geduld – und schließlich ›klappte‹ es wieder.

Die verunsicherten Männer

Nun ist es durchaus normal, dass ein Ehepaar für einige Wochen oder Monate nicht miteinander schläft. Es gibt keine Norm, wie oft man miteinander schlafen sollte. Allerdings weiß man, dass Paare etwa zehn Mal im Monat Sexualität haben, wenn sie noch keine zwei Jahre zusammen sind. Bei einer Beziehungsdauer bis zehn Jahren schrumpft dies auf durchschnittlich sechs Mal. Und danach pegelt es sich auf vier Mal im Monat ein. Wie oft das Paar aber wirklich miteinander schläft, hängt entscheidend von der Nähe in der Ehe ab. Deshalb kann ich auch – wenn ich ein Paar eine Stunde lang im Gespräch erlebe – mit einer sehr hohen ›Trefferquote‹ voraussagen, ob noch eine lebendige Sexualität besteht. Ich muss nur darauf achten, ob eine offene, einfühlsame Kommunikation vorherrscht. Ob man sich wirklich mit Worten berührt. Wenn ich dann das Pärchen genauer über die Sexualität befrage, höre ich in den letzten Jahren immer häufiger, dass die Sexualität von den verunsicherten Männern eingestellt wurde. Sie zogen sich in der Erotik zurück und waren nur schwer zu einer Wiederaufnahme der Sexualität zu bewegen.

Die Ehe ist ein langes Gespräch

Eine erotische Pause ist in vielen lang-jährigen Ehen durchaus üblich. Aber wenn ein Pärchen monatelang schweigend die Mahlzeiten einnimmt – ist die Ehe gescheitert. Sicher kennen Sie Ehepaare, die sich nichts mehr zu sagen haben. Es tut weh, solchen Paaren zuzuschauen, bei denen jede Nähe erloschen ist. Der Philosoph Friedrich Nietzsche hatte Recht mit seiner Ansicht, dass eine lange Ehe vor allem aus dem Gespräch bestünde. Worte sind vor allem in Krisensituationen der Schlüssel zur Nähe. Es mag in jeder Beziehung Zeiten geben, wo man gemeinsam den Alltag bewältigt und sich vielleicht auch wortlos versteht. Man schaut sich kurz an, lächelt, berührt sich – und versteht sich. Wenn zwischen den Ehepartnern eine entspannte Stimmung herrscht, muss man nicht alles bereden. Das Miteinander Schweigen-Können ist der höchste Ausdruck der Nähe. Und doch muss man häufig miteinander sprechen, damit Nähe entsteht und nicht wieder verloren geht. Wir müssen wissen, wie es dem Partner geht, was ihn beschäftigt, was ihn bedrückt und auch freut. Ohne eine solche seelische Landkarte ist es nicht möglich, wirklich Nähe herzustellen. Deshalb fragen wir am Beginn einer Liebesbeziehung den Partner auch so viel. Wir wollen wissen, wie seine Mutter war, was sein Lieblingsgericht ist, wohin er gern verreist. Doch dies Fragen lässt leider meist nach kurzer Zeit nach und wird vom Alltag überlagert. Deshalb kennen wir unsere ›bessere Hälfte‹ oft so wenig, auch wenn wir schon seit Jahren zusammenleben. Machen Sie einmal folgenden Test und beantworten Sie diese Fragen:

- Wie war seine Beziehung zu seinen Geschwistern?
- Was hat er in der Kindheit nicht gern gegessen?
- Was war sein Lieblingssport?
- Hat er eine Tanzschule absolviert?
- Wie viele Partnerschaften hatte er bisher, die länger dauerten als ein Jahr?
- Hat er schon einmal unter Alpträumen gelitten?
- In welchen Situationen bekommt er Kopfschmerzen?
- Was waren seine Lieblingsbücher in der Jugend?
- Ist er als Kind regelmäßig in die Kirche gegangen?

Wenn Sie diese Fragen für sich beantwortet haben, fragen Sie bitte Ihren Partner. Falls Sie mindestens sieben richtige Antworten gegeben haben, können Sie stolz auf sich sein. Denn meist kennen wir den Partner nicht so gut. Das liegt natürlich oft auch daran, dass er uns vieles nicht erzählt hat. Männer verschweigen sehr häufig schamvolle Erlebnisse. Sie berichten der Freundin nicht, dass sie als Kind manchmal stotterten, im mündlichen Unterricht immer Lampenfieber hatten, in der Tanzschule häufig rot geworden sind. Und selbst hinsichtlich der Gegenwart behalten sie viele Ängste für sich und neigen zu einer großen Verschwiegenheit. Noch heutzutage sind viele Männer gern stark, sie wären am liebsten Helden, und eine 45-jährige Lehrerin beschwerte sich bei mir: »Mein Mann erzählt wenig von sich. Der tut immer so, als wäre er erwachsen auf die Welt gekommen. Keine Ängste, Schwierigkeiten. Als wäre der nie schüchtern gewesen, als habe er seinen Weg im Leben nie finden müssen. Und wenn er wirklich mal Schwierigkeiten hat, zieht er sich zurück. Für mich ist das ein Abbruch von Nähe. Doch er sagt dann: Elefanten würden es auch so machen. Aber er ist kein Elefant und er hat auch keine dicke Haut. Denn ich merke doch, wie ängstlich er manchmal ist.«

Geheimnisse haben

Allerdings sollten wir immer beachten: Man muss nicht über alles reden. Sie dürfen durchaus Geheimnisse haben. Sie müssen dem Partner nicht alle Phantasien, nicht alle Träume, nicht alle Wünsche mitteilen. Natürlich sollten Sie über alles mit dem Partner sprechen, was die Beziehung grundlegend berührt. Aber es sollte auch in einer guten Partnerschaft gewisse ›innere Räume‹ geben, die der andere nicht ständig betritt. Eine meiner Patientinnen beklagte sich: »Mein Partner will immer alles wissen: Wo bist du gewesen, wie hast du geschlafen, was machst du heute? Was hast du kürzlich in der Therapie besprochen?« Man kann dies sicher als Interesse deuten, aber ist dies nicht auch bedrängend und übergriffig? Kennen Sie nicht auch den Wunsch, einige Geheimnisse für sich zu bewahren? Können sie sich beispielsweise noch daran erinnern, dass Sie in der Pubertät ein Tagebuch führten? Es hatte vorn ein kleines Schloss, man konnte es abschließen. War es nicht wichtig für Sie, dass niemand in das Tagebuch schaute? Und das gilt auch heute für die Partnerschaft. Es muss möglich sein, dass Sie ungestört im Nachbarzimmer telefonieren dürfen, ohne dass der Ehemann ständig stört und gar lauscht. Es muss möglich sein, dass Sie auf dem Computer Briefe schreiben und in einer Datei ablegen, ohne dass der Partner ständig nachfragt oder sogar nachstöbert. Man muss auch in einer Partnerschaft das Recht haben, Geheimnisse für sich zu behalten. Man muss nicht immer ein Herz und eine Seele sein. Sie müssen auch dem Partner nicht ihre Träume mitteilen oder ihm gar sagen, welche Männer Sie attraktiv finden.

Doch damit dies in einer Beziehung möglich ist, müssen Sie eine vertrauensvolle Atmosphäre herstellen. Sie dürfen für den Partner nie ein Mensch mit sieben Siegeln sein, sonst wird er misstrauisch. Es muss grundsätzlich eine Basis der Offenheit und Übereinstimmung bestehen. Kurzum: Nähe ist wichtig. Doch wie entsteht jene Nähe im Gespräch? Einfach ist dies nicht. Denn die Grundvoraussetzung für gelingende Gespräche ist das Zuhören. Und fast jeder glaubt, dass er über diese Fähigkeit verfügt. Trotzdem hat wohl Kurt Tucholsky recht, wenn er meinte: »Der Mensch hat … zwei Leidenschaften: Krach zu machen und nicht zuzuhören.«

Männer können schlecht zuhören

Männer reden viel und hören nicht zu. Sie erklären gern den Frauen die Welt, haben aber oft zu wenig Interesse für ihre innere Welt. Männer handeln gern, und insofern lautet eine der Hauptklagen von Frauen: Mein Mann hört mir nie richtig zu. Das ist das Ergebnis einer Studie von Shere Hite.[11] Sie befragte 4500 Frauen und 77 Prozent sagten ihr, dass ihr Mann schlecht zuhören würde. 85 Prozent von ihnen schätzen deshalb Freundschaften mit Frauen, weil diese besser zuhören könnten. Vor allem aktive Männer haben Mühe, jene Geduld aufzubringen, und sich auf die ›Sprecherin‹ emotional einzulassen. Doch dies ist ihnen meist nicht bewusst. Nun gibt es Partnerschaftsexperten, bei denen man das Zuhören erlernen kann. Sie empfehlen, dass man sich einige Minuten Zeit nimmt. Dann soll der Partner erzählen, was ihm einfällt, was ihn beschäftigt. Und nun müssen Sie wiederholen, was der andere gesagt hat. Diese Technik mag manchmal helfen, trifft aber nicht den Kern des Problems. Die eigentliche Herausforderung im Gespräch besteht darin, wirklich Interesse für den anderen aufzubringen. Man muss sich bewusst sein, wie fremd uns der andere ist. Er lebt seelisch in einer anderen Welt, empfindet seine Probleme anders als wir. Wir müssten sehr viele Fragen stellen, um ihn wirklich zu verstehen und Nähe herzustellen. Wir erinnern uns: Nähe ist ein Brückenschlag. Doch dieser passiert selten. Und vor allem Männer neigen meist nach einigen Minuten dazu, kluge Ratschläge zu erteilen. Die Ehefrau fühlt sich natürlich wenig verstanden. Sie ist ja nicht dumm, weiß selbst, was sie tun könnte, und empfindet ihren Mann sehr oft als ›Neunmalschlau‹. Dies zeigt drastisch folgendes Beispiel: Sie sagt ihm, sie habe immer die falschen Freunde gehabt. Und nun müsste er nachfragen: Was meinst du damit? Was sind für dich richtige Freunde? Wie waren bisher deine Freundschaften? Gab es Konflikte? Hatten deine Eltern Freundschaften? Er müsste neugierig sein und eine Frage nach der anderen stellen. Dann hätte sie am Ende des Gesprächs vielleicht das Gefühl, dass er sie versteht … Aber normalerweise neigen wir dazu, das Gespräch abzuwürgen, indem wir einen Ratschlag geben (»Such dir doch andere Freunde.«) oder von uns berichten … Oder er sagt ihr, dass dies doch alles nicht so schlimm sei … Oder dass sie das falsch sieht … Das Gemeinsame in diesen Antworten liegt darin, dass er damit das Gespräch beendet. Und auf diese Weise verspielt er die Möglichkeit, die Partnerin zu verstehen, wirklich auf sie einzugehen.

Die Angst vor dem Sterben

Eine der häufigsten Gesprächsblockaden besteht darin, dass uns ein Thema Angst macht. Wir können uns auf die Lebenskonflikte der Partnerin nicht emotional einlassen, wenn wir selbst harmoniebedürftig sind. Wir können ihre Wutaffekte nicht verstehen, wenn wir diese selbst verdrängen. Wie verhängnisvoll solche Gesprächsblockaden sind, wird vor allem bei schweren Erkrankungen deutlich. Einer meiner Patienten war vor einigen Monaten schwer erkrankt und wollte mit seiner Partnerin über seine Angst zu sterben reden. Doch diese wehrte ab und sagte nur kurz: »Ach – du lebst noch lange.« Ihre forsche Art beruhigte ihn zwar, denn sie wischte entschlossen seine Ängste fort. Doch verstanden fühlte er sich nicht. Aber das war natürlich schwierig, denn seine Frau hatte Angst vor diesem Thema. Sie wäre Witwe, wenn er sterben würde. Und so war sie kaum in der Lage, sich wirklich auf das Thema ›Angst vor dem Sterben‹ einzulassen. Und in einem geringeren Ausmaß finden wir diese Abwehr bei vielen Themen: bei der Angst vor Arbeitslosigkeit, Krankheiten, der Angst vor Armut, dem beruflichen Scheitern. Manchmal ist es angebracht, solche Ängste eher mit guten Freunden zu besprechen.

Allerdings gibt es auch das alltägliche Nicht-Verstehen-Können, weil der Partner aus einer anderen sozialen oder emotionalen Welt stammt. Stellen Sie sich vor, Sie verstehen sich nicht mit den Geschwistern, und der Partner wuchs als Einzelkind auf. Möglicherweise kann er überhaupt nicht nachvollziehen, warum Sie manchmal so genervt sind. Er denkt: Sie kann doch froh sein, dass sie überhaupt Geschwister hat. Oder erzählen Sie einmal einem arbeitslosen Partner, dass Sie sich mächtig über den Chef geärgert haben, wütend wurden und im nächsten Jahr durchstarten wollen. Ihr Partner wird den Eindruck haben, dass es sich hier um Luxusprobleme handelt. Und Frauen kennen natürlich auch das Problem, dass ihr Partner ihre Gefühlsschwankungen in den Wechseljahren kaum versteht und ihre körperlichen Beschwerden nicht begreifen kann, wenn sie ihre Tage hat. Aber es ist wohl für Männer nicht unmöglich, auch typisch weibliche Beschwerden zu verstehen, da sie heutzutage sogar bereit sind, mit ihrer schwangeren Frau einen Kurs zur Geburtsvorbereitung zu besuchen.

Nun besteht die Nähe in einem guten Gespräch nicht nur im Zuhören, man muss auch die Fähigkeit besitzen, sich selbst emotional zu öffnen. Damit haben vor allem Männer Schwierigkeiten. Frauen sind wesentlich mutiger im emotionalen Gespräch. In einem Gedicht von Kästner heißt es deshalb:

Ihr habt es gut. Denn ihr dürft alles fühlen.
Und wenn ihr trauert, drückt uns nur der Schuh.
Ach, unsre Seelen sitzen wie auf Stühlen
Und sehn der Liebe zu.

Kästner hat richtig beobachtet: Weil Männer weniger Mut zur wirklichen Leidenschaft besitzen, können sie sich auch weniger auf eine Beziehung einlassen. Sie stellen weniger Nähe her. Nur wer auch trauern kann und manchmal sogar die tragischen Momente des Lebens aushält, kann wirklich lieben. Insofern ist es ein Nähe-Killer, dass Männer oft die sachlichen Alltagsgespräche bevorzugen, die uns wenig anrühren. Wirkliche Nähe entsteht durch emotionale Botschaften, sie rütteln uns auf, gehen unter die Haut. Wenn der Partner uns sagt, dass er Angst hat, dass er innerlich bewegt ist, fühlen wir uns ihm wesentlich näher. Für das Entstehen von Nähe ist insbesondere die Selbstenthüllung (»Nach dem letzten Gespräch mit dir war ich so durcheinander, dass ich eine Nacht nicht schlafen konnte.«) wichtig. Und die Intensität der Nähe hängt dabei vor allem vom Grad der Selbstenthüllung, also der Preisgabe von Emotionen ab.

Wenn Emotionen irritieren …

Allerdings besteht die Gefahr, dass ich mich von emotionalen Botschaften auch irritiert fühlen kann. Dann schrumpft die Nähe. Es hängt also immer stark davon ab, wie der Partner mit diesen Emotionen umgeht. Es muss zunächst ein vertrauensvoller Umgang gewährleistet sein. Denn es ist verhängnisvoll, wenn diese emotionalen Geständnisse beim Ehekampf als Waffe missbraucht werden. Zugleich besteht die Gefahr, dass sich der Partner von diesen Emotionen eher bedrängt, bedroht fühlt und dann mit einer sachlichen Botschaft reagiert. Natürlich muss man nicht immer über Gefühle reden. Doch wenn wir sie verschweigen, kann Nähe oft verloren gehen. Man nimmt kleine Kritikpunkte und Kränkungen zunächst nicht ernst genug und zieht sich etwas zurück. Und im Laufe der Jahre entsteht so ein tiefer Graben, den man kaum noch überwinden kann. Ich fragte vor wenigen Monaten 30 Patienten, was die Quelle ihres Lebensglücks sei. Jeder sollte fünf Glücksquellen benennen. Bei den Antworten fiel mir auf, dass bei vielen lang verheirateten Paaren die ›bessere Hälfte‹ entweder nur auf einem hinteren Platz oder gar nicht enthalten war. Als ich eine Patientin damit konfrontierte, meinte sie erschrocken: »Ich habe nie gemerkt, dass ich mich dermaßen zurückgezogen habe. Ich mag ja meinen Mann, aber es hat sich so manches angesammelt.« Sie hatte – nach einigen vergeblichen Versuchen – nicht mehr darüber gesprochen, dass sie sich in der Kindererziehung und im Haushalt zu wenig unterstützt gefühlt hatte. Ihr Mann hatte andere Ansichten darüber, wie man die Tochter erziehen sollte, es gab des Öfteren Streit, und so zog sie sich schweigend zurück. Doch das Schweigen wirkte wie eine emotionale Vollnarkose. Es dämpfte alle Gefühle, das Bewusstsein für die positiven Eigenschaften ihres Mannes ging ihr verloren. So wie kleine Sandkörner einen Felsen abschleifen können, wirken oft die kleinen Krisen. Wenn wir die Kritikpunkte nicht mehr aussprechen, kann die Nähe verloren gehen. Dann gehen wir davon aus, dass der Partner sich nie ändern wird, wir resignieren, und ein Teil der Liebe stirbt.

Die respektvolle Gesprächskultur

Nun wird immer wieder darauf hingewiesen, dass man in einer Partnerschaft eine respektvolle Gesprächskultur anstreben solle. Dazu gehört vor allem, dass man sich ausreden lässt und dass jeder das Gefühl hat, mit seinen Bedürfnissen ernst genommen zu werden. Und dazu gehört, dass man dem anderen nicht ständig Vorwürfe macht, dass man Verallgemeinerungen (»Nie putzt du das Klo, immer bist du unordentlich.«) und unkontrollierte Ausbrüche vermeidet. Lieber viele kleine Streitigkeiten als die große Explosion, die alles zerstört. Denn wenn Sie dem Partner alle negativen Eigenschaften um die Ohren hauen, kann er nur noch in Deckung gehen und sich wehren.

Doch wie kann man geschickt dem Partner wichtige Kritikpunkte vermitteln, wenn man sich ohnmächtig fühlt? Die Lust auf Nähe ist uns längst vergangen, weil wir uns nicht ernst genommen fühlen. Der Ehemann lässt immer wieder seine Kleidung im Schlafzimmer rum liegen, er sitzt lange vor dem Computer, wir fühlen uns vernachlässigt. Ist es nicht verständlich, dass wir dann irgendwann zu einem Rammstoß ausholen, um ihn wieder zu erreichen und unser Anliegen durchzusetzen? Der amerikanische Paartherapeut Gottmann warnt jedoch vor solchen Attacken. Und er empfiehlt vor allem, dass man dem Partner auch seine positiven Eigenschaften vermitteln müsse. Sonst zieht er sich zurück und kann die Kritik überhaupt nicht mehr aufnehmen. Empört sagte mir ein 55-jähriger Installateur: »Wenn meine Frau meint, dass ich immer wieder der Depp bin, wenn ich alles falsch mache, schalte ich auf Durchzug. Dann bin ich innerlich völlig zu, das habe ich schon bei meiner Mutter so gemacht. Ich höre mir das dann an und denke: Manches davon stimmt. Aber dann spüre ich, wie so eine leise Wut in mir hochsteigt und ich merke, dass ich nicht im Traum daran denke, irgendwas zu ändern.«

Geben Sie also dem Partner – soweit möglich – auch Anerkennung. Das liegt in Ihrem eigenen Interesse, weil Sie sonst jede Gesprächsmöglichkeit blockieren. Und diese Anerkennung ist wahrscheinlich einer der schönsten Wege, um Nähe herzustellen. Fast alle Menschen haben in ihrer Kindheit ein großes Defizit an Anerkennung erlebt. Deshalb ist es wichtig, dass Sie dem Partner immer wieder anerkennende Worte sagen. Dies habe ich vor Jahren einmal in einer Rundfunksendung betont, in der man mich fragte, was man sich zum Weihnachtsfest schenken solle. Ich forderte die Frauen und Männer auf, sich Liebesbriefe zu schreiben: »Warum schenkt man sich teure Gegenstände, die man oft nicht wirklich braucht. Warum schreibt man nicht dem anderen, was man an ihm liebt. Schreiben Sie Ihrem Mann, Ihrer Frau einen Brief und teilen ihm/ihr mit, was die schönsten vier Eigenschaften sind, die Sie an ihm/ihr lieben. Und schreiben Sie ausführlicher, damit Sie wirklich verstanden werden. Das wäre das schönste Weihnachtsgeschenk.« Nach dieser Aussage glühten im Rundfunksender die Telefondrähte, viele Frauen riefen an, um ihre Zustimmung mitzuteilen.

Wenn Sie auf diese Weise um den Partner werben, wird er auch offener für Ihre Gesprächswünsche sein. Es ist immer problematisch, wenn wir ein Gespräch einfordern. Das Vertrauen und die Nähe wollen doch immer erworben sein. Insofern ist die Ankündigung ›Wir müssen zusammen reden‹ durchaus verständlich, aber mitunter problematisch. Man kann sie eher als Drohung auffassen. 85 Prozent der Frauen sagen regelmäßig ihren Männern, man müsse mehr miteinander reden. Vielleicht würde dies eher gelingen, wenn die Männer das Gefühl hätten, von ihren Frauen akzeptiert zu werden.

Oft entspannt sich dann die Beziehung, und plötzlich haben Sie nicht mehr das Bedürfnis, über alle Streitpunkte zu reden. Es ist alles nicht mehr so wichtig. Und dies ist auch die Erkenntnis vieler Paartherapeuten. Wir dachten bis vor einigen Jahren, dass es für eine Beziehung sehr wichtig sei, dass man sich ausspricht. Viele Paare setzten sich regelmäßig zusammen, um sich gegenseitig mitzuteilen, was sich in ihnen an kritischen Punkten angesammelt hatte. Doch nicht immer verbesserte sich durch solche Gesprächsrituale die Partnerschaft. Mitunter wurde sie sogar sehr kompliziert: »Mir geht das ewige Reden, dies immer wieder Aushandeln auf die Nerven. Da wird immer wieder alles problematisiert«, beschwerte sich bei mir ein 48-jähriger Angestellter. Tatsache ist, dass man Probleme auch zerreden kann. Und für viele Probleme gibt es keine Lösung. Es gibt Meinungsverschiedenheiten, die man nicht klären kann. Sie will Kinder, er will keine. Wie will man das auf Dauer klären? Wenn ihr der Kinderwunsch wirklich so wichtig ist, dann hilft eigentlich nur eine Trennung. Endlose Konfliktgespräche würden eher die Beziehung zermürben. Und so hat der amerikanische Eheforscher Gottmann auch festgestellt, man könne und solle nicht alles bereden. Im Übrigen käme es für eine gute Beziehung mehr darauf an, wie man miteinander umgeht. Für eine Beziehung wäre ein großer Respekt wichtig, eine Wertschätzung für den anderen. Das wäre die Basis für den Umgang miteinander. Deshalb hält es Gottmann für einen Mythos, dass Streitgespräche der Königsweg zur Nähe sind. Er ist vielmehr der Ansicht, dass eine gute Ehe auf den Prinzipien der Freundschaft beruhen würde. Konkret bedeutet dies, dass eine respektvolle, freundliche Stimmung die Basis einer guten Beziehung ist.

Aber gelegentlich sind Streitgespräche doch notwendig, wenn uns ein Thema nicht mehr aus dem Kopf geht, wenn wir uns zu sehr ärgern. Und dann ist es wichtig, dass wir geschickt streiten. Streiten will gelernt sein – lernte ich im Studium. Dabei ist es eigentlich ganz einfach. Wir müssen den eigenen Standpunkt vertreten, gleichzeitig den des Partners respektieren und dann zu einem vernünftigen Kompromiss bereit sein. Dann macht ein Streit Sinn, dann bleibt auch die Nähe in der Beziehung erhalten. Genauer gesagt: Nach einem gelungenen Streit wird die Nähe sogar intensiver. Viele Ehepaare schildern, dass sie nach einem klärenden Gespräch eine wunderbare Versöhnungsatmosphäre erlebten. Man hat sich gerieben, sich versöhnt, und dies führt zu einer ungewöhnlich intensiven Nähe.

Damit Streitgespräche erfolgreich sind, sollten Sie wenige Hinweise beachten:

- Sprechen Sie immer nur einen Punkt an (keine Generalabrechnung)
- Widersprechen Sie nicht sofort, sagen Sie vielmehr: Ich werde mir das überlegen
- Entgegnen Sie nicht mit einer Gegenkritik
- Und wenn Sie den Streit beenden wollen, dann sagen Sie dem Partner fröhlich, dass er mit seiner Kritik Recht hat.

Wir haben Konflikte nie verschleppt

Eine der wichtigsten Fähigkeiten in einer Ehe besteht darin, dass man sich nach einem Streit wieder versöhnen kann. Mitunter muss man sich auch entschuldigen. Es ist unverzichtbar für die Nähe, dass man immer wieder über seinen Schatten springt und auf den anderen zugeht. Das ist auch das Glücks-Geheimnis eines Ehepaars, das schon seit 15 Jahren zusammen ist. Man merkt beiden an, dass sie noch immer froh sind, sich getroffen zu haben. Sie sind zärtlich miteinander, flachsen herum, necken sich: kurzum – sie haben sich noch immer lieb. Als ich sie nach dem Geheimrezept fragte, sagten sie: »Wir haben Konflikte nie verschleppt. Wir sind nie im Streit miteinander eingeschlafen, haben uns immer vor dem Einschlafen versöhnt … Klar, wir zoffen uns gelegentlich, aber eigentlich lieben wir uns. Und dann sagt einer im Notfall: Entschuldigung … war nicht so gemeint.« Das ist auch das Geheimrezept eines Ehepaars, das kürzlich seinen 80. Hochzeitstag feierlich beging. Sie verrieten während der Jubiläumsfeier das Geheimnis ihrer glücklichen Ehe. Die resolute Ehefrau betonte: »Man muss hart an einer Ehe arbeiten und darf nie zu stolz sein, sich zu entschuldigen« und sie ergänzte: »Man sollte nie nach einem Streit ins Bett gehen, ohne sich zu vertragen … wir gehen immer mit einem Kuss und einer Umarmung ins Bett. Wir sind wirklich gesegnet. Wir lieben uns noch wie am ersten Tag – und das ist das Allerwichtigste.« Ihr Ehemann nickte.[12]

Die Ehe ist eine Hölle bei gemeinsamem Schlafzimmer;
bei getrennten Schlafzimmern ist sie nur noch ein Fegefeuer;
ohne Zusammenwohnen wäre sie vielleicht das Paradies.

Henry de Montherlant

Sollte man getrennt oder zusammen wohnen?

Nachdem sich in der Partnerschaft der Wechsel von Nähe und Distanz eingespielt hat, werden Sie vielleicht überlegen, ob Sie zusammenziehen. Dann ist es viel unkomplizierter, sich kurz zu begegnen, gemeinsam zu essen, sich zu helfen, sich zu umarmen. Dennoch zögern heutzutage immer mehr Paare mit dem Zusammenziehen. Vor allem in den Großstädten steigt die Zahl jener Menschen, die zwar eine Partnerschaft haben, aber getrennt wohnen. Bei 50 Prozent aller Wohnungen in Berlin handelt es sich inzwischen um Single-Haushalte. Trotzdem besteht vor allem bei jungen Menschen noch immer der Wunsch, den Alltag in einer Partnerschaft miteinander zu verbringen. Sie wollen zusammen aufstehen und schlafen gehen, die Kinder erziehen, das Leben gemeinsam bewältigen. Vielleicht sind Sie auch der Meinung, dass man erst dann von einer Partnerschaft sprechen kann? Jedenfalls sagte mir ein jüngerer Mann auf einer Wanderung: »Für mich ist es nur dann eine Partnerschaft, wenn zwei zusammenwohnen, sonst ist das doch mehr die Liebe von zwei Singles.« Tatsächlich hat es viele Nachteile, wenn man nicht zusammen wohnt. Man kann sich bei den Alltagsproblemen nicht selbstverständlich helfen. Wenn gerade die Waschmaschine kaputt ist oder wenn man sich einsam fühlt und den anderen gern umarmen würde, ist dieser höchstens telefonisch zu erreichen. Insofern fehlt beim getrennten Wohnen die unkomplizierte Nähe. Es schweißt auch zusammen, wenn man jeden Tag zusammen frühstückt, sich dann gemeinsam um den Garten kümmert, den Einkauf bewältigt und die Fenster streicht.

Wenn man nicht zusammenwohnt, sind die Treffen immer in einer gewissen Weise inszeniert, man trifft sich, um etwas zu unternehmen. Das kann spannend sein und schön, aber es fehlt die mittlere Vertrautheit, die dann einsetzt, wenn sie die Steuererklärung schreibt und er sich in der Küche um das Essen kümmert. Dann hört man sich, begegnet sich kurz, berührt sich, jeder macht immer wieder sein eigenes Programm, und doch ist man innerlich getragen von der Anwesenheit des anderen. Es ist unendlich beruhigend zu spüren, dass der Partner da ist – bereits dies führt zu dem Wohlbehagen, dem Aufgehobensein, das man kaum kennt, wenn man nicht zusammenwohnt. Dennoch gibt es mittlerweile viele Menschen, die ein getrenntes Wohnen befürworten, obgleich sie eine Partnerschaft führen. Sie lieben ihre Freiheit, ihre Autonomie, treffen sich meist am Wochenende und an einem Tag in der Woche. Ein holländischer Wissenschaftler prägte dafür den Begriff LAT »Living Apart Together« (getrennt zusammen leben).

Lange Zeit war dies LAT nur ein Übergangsphänomen zwischen dem Single-Dasein und dem Zusammenwohnen. Doch eine Studie des »Deutschen Instituts für Wirtschaftsforschung« zeigt: Der Anteil der LAT-Paare ist innerhalb von 14 Jahren um 15 Prozent gestiegen, bei Männern über 38 Jahren ist sogar ein Anstieg um 70 Prozent zu verzeichnen.[13] Was früher nur bei Künstlern und Philosophen – man denke nur an die berühmte Beziehung zwischen Sartre und Beauvoir – üblich war, ist heute vor allem in der Mittelschicht ein normales Modell der Partnerschaft.

Es sind keine Einzelgänger, keine Sonderlinge, die diese Beziehungsform wählen. Es sind durchaus beziehungsfähige und sozial bewusste Menschen. Sie hatten bereits eine längere Partnerschaft, haben oft gemeinsam Kinder großgezogen und lieben nun ihre Freiheit, wollen aber auf eine Partnerschaft nicht verzichten. Deshalb ist dies auch für den Partnerschaftsexperten Jürg Willi die perfekte Lebensform. Er sieht darin das Konzept der Zukunft. Man könne so die Schokoladenseiten des anderen genießen und ihn ansonsten so sein lassen, wie er ist. Und diese Meinung teilt auch Jutta Limbach, die Präsidentin des Goethe-Instituts. Sie meint: »Es ist schön, morgens neben jemanden aufzuwachen. Aber manchmal ist es auch schön alleine.« Und so wünscht sie sich mit ihrem Mann zwei Wohnungen, die mindestens 30 Kilometer auseinander liegen.

Das getrennte Wohnen ist natürlich in jeder Weise aufwändig:

- es ist wesentlich teurer als das Zusammenwohnen und ist deshalb vor allem bei Menschen mit mittleren und hohen Einkommen verbreitet.
- Es fehlt die ständige Anwesenheit des Partners. Das Bedürfnis nach Sozialkontakt wird erheblich stärker über Freunde ausgelebt. Jeder hat seinen eigenen Freundeskreis, was dem Bedürfnis nach Freiheit und Selbstbestimmung entgegenkommt.
- Man hat keinen vollständigen Einblick mehr, wie der andere lebt. Man muss deshalb viel Vertrauen entwickeln, damit keine Eifersucht aufkommt – wenn man sich für die Treue entscheidet.

Viele Menschen sind von diesem Lebensentwurf überfordert, so dass nicht für jedes Paar getrennte Wohnungen die beste Lösung sind. Schwierig scheint das Getrenntleben vor allem für Männer zu sein, die heutzutage viel schneller zusammenziehen möchten als Frauen. Nach einer Umfrage von Elite.de möchte jeder zweite Mann schon nach wenigen Monaten mit der Partnerin zusammenleben, während die Frauen eher zögern.

Wohnen Sie mit einem Partner zusammen und konnten in den letzten Monaten zeitweise krankheitsbedingt das Bett nicht verlassen? Dann wissen Sie, wie beruhigend, wie schön, aber auch wie praktisch es ist, wenn man zusammen wohnt. Aber vielleicht werden Sie einwenden, dass es auch sinnvoll ist, wenn man sich nach einem Streit in der eigenen Wohnung aufhalten kann. Das stimmt sicherlich. Wenn man in verschiedenen Wohnungen lebt, kann man sich bei Konflikten eher zurückziehen. Dies kann entspannend für beide Beteiligte sein, da man erst dann wieder auf den anderen zugeht, wenn sich der Konflikt etwas beruhigt hat. Doch die Möglichkeit des Ausweichens birgt natürlich auch eine Gefahr. Wenn man nicht zusammen wohnt, trennt man sich wesentlich schneller. Lebt man in einer Wohnung zusammen, muss man irgendwann miteinander reden. Gleichzeitig ist aber auch das Streitpotential größer. Wenn man zusammen wohnt, stört man sich viel mehr an der Unordnung des Partners, als wenn man bei ihm zu Besuch ist. Morgen früh bin ich wieder weg, sagt man sich und lässt ihn wie er ist. Doch wenn man zusammen lebt, ergeben sich gefährliche Reibungsflächen. Wenn der Partner das Geschirr nicht wegräumt, seine Socken im Wohnzimmer verteilt, in der Küche raucht – wird dies zum ständigen Ärgernis. Schon am frühen Morgen fragt man sich, warum der Partner die Zahnpastatube nicht richtig ausdrücken kann. Und plötzlich wird die Frage des Rauchens oder der Ordnung zum Generalthema in der Beziehung. Sie versucht ihn zu ändern, er wehrt sich dagegen, und die Nähe schmilzt zunehmend dahin. Manchmal haben Sie keine Lust mehr, ihn zu sehen, und freuen sich immer, wenn er weg ist. Doch Sie treffen ihn immer wieder in der Küche, und als Sie gerade gemütlich in der Badewanne saßen, kam er natürlich an. Und das ärgerte Sie. Dabei wissen Sie aus der Erfahrung, dass ihre Streitstimmung längst verraucht wäre, wenn Sie ihn mal für einen halben Tag nicht gesehen hätten.

Man sollte sich vorher gründlich kennenlernen

Deshalb muss man sich sehr reiflich überlegen, ob man zusammenzieht. Sich ständig zu sehen, ist auch eine Herausforderung. Doch solange man immer nur Gast ist, muss man schon sehr sorgfältig hinschauen, um das Alltagsverhalten des anderen zu erahnen. Dann hat der andere sein Feiertags-Verhalten. Deshalb ist man oft so überrascht, wenn man ihn plötzlich im Alltag kennenlernt. So ging es auch einer 44-jährigen Programmiererin: »Als ich Erich kennenlernte, lud er mich gelegentlich ein. Seine Wohnung war immer sehr aufgeräumt, die Küche blitz-blank … Als ich jedoch mit ihm zusammenzog, stellte sich raus, dass er völlig unordentlich ist. Er warf seine Socken irgendwo hin, das Hemd landete auf dem Fußboden, die Hose auf dem Sofa. Ich musste ihm jeden Abend hinterher räumen. Einmal brüllte ich ihn an: ich sei doch nicht seine Mutter … Und ich fragte ihn, ob er schon immer so gewesen sei, warum mir das nicht schon vorher aufgefallen wäre. Und was sagte er da? Er habe sich am Anfang Mühe gegeben, um mich zu beeindrucken … Das hat mich ja nun wirklich umgehauen. Das musste ich doch so verstehen, dass er sich nun keine Mühe mehr geben muss – oder? Jedenfalls stellte ich dann erst einmal die Sexualität ein. Ich schlafe doch nicht mit einem Mann, der sich nicht um mich bemüht …« Die Beziehung scheiterte bald darauf, sie suchte sich eine neue Wohnung und war überzeugt, nicht mehr so schnell zusammenzuziehen.

Doch wie soll man den Partner prüfen, bevor man mit ihm zusammenzieht? Man müsste wohl den Alltag miteinander erleben. Das ist möglich, wenn man eine lange Reise unternimmt. Dann schläft man einige Wochen lang in einem Zimmer und muss miteinander auskommen. Auch bei Wanderurlauben oder Radtouren wird man manche Belastungssituation erleben, die man meistern muss. Wenn man sich plötzlich verfahren hat oder nach einem Regenguss völlig durchnässt ist, spürt man den Charakter des anderen viel deutlicher als beim gemeinsamen Kuchenessen. Und wenn man zusammen ein Zelt aufbaut oder die Luftmatratzen aufbläst, kann man sehr schnell die Kooperationsfähigkeit des Partners einschätzen. Man merkt dann ziemlich rasch, ob er nur zuschaut, ob ihn ständig etwas stört – oder ob er mithilft. Das wirkt sich später beim Zusammenwohnen fundamental auf die Nähe aus. Denn das Zusammenleben ist letztlich eine Kooperationsaufgabe. Man muss beispielsweise die Hausarbeit aufteilen. Wir wissen, dass die Hauptlast der Küchenarbeit noch immer von den Frauen bewältigt wird. Die Männer empfinden es als Entgegenkommen, wenn sie den Frauen signalisieren: »Ich helfe dir.« Und genau darin liegt das Problem. Die Männer sehen es eben nicht als eigene Aufgabe an, das Badezimmer und das Klo zu putzen, sondern sie helfen, weil diese Bereiche eigentlich zur Kernkompetenz der Frauen gehören. Sie ahnen, dass es hier viele Missstimmungen geben kann, was natürlich das Gefühl von Nähe völlig zerstört? »Versuchen Sie einmal einen Mann umzuerziehen, wenn dieser keine Küchenarbeit gelernt hat. Der weiß einfach nicht, wie man eine Geschirrspülmaschine richtig einräumt, ich muss dann alles doppelt machen, er ist gekränkt, weil ich ihn kontrolliere. Immer muss man ihn loben, damit er überhaupt was macht. So sind die Männer. Also mache ich das lieber allein und bin genervt. Aber eines will er trotzdem: mit mir schlafen. Prima ...« – so eine 45-jährige Physiotherapeutin.

Ob in einer Partnerschaft Nähe zustande kommt, hängt offenbar von ganz banalen Dingen ab. Diese Erkenntnis hat vor über dreißig Jahren Simone de Beauvoir und Jean-Paul Sartre dazu bewogen nicht zusammenzuziehen. Nicht Haushalt und Alltag sollten ihre Beziehung bestimmen, sondern die geistige Auseinandersetzung um die Probleme des Lebens. Als man Simone de Beauvoir einmal fragte, warum sie nie zusammengewohnt haben, antwortete sie: »Wir sahen keine Notwendigkeit, uns eine gemeinsame Wohnung zuzulegen, denn wir teilten die Welt miteinander.«

Nähe und Distanz regeln

Doch trotz aller Schwierigkeiten gibt es viele Gründe zusammenzuziehen. Und wenn man Kinder bekommt, ist das Zusammenziehen geradezu logisch. Aber man sollte wissen, dass dies immer eine Herausforderung ist. Denn nun muss man das Nähe-Distanz-Problem neu bewältigen. Wenn man nicht zusammen wohnt, gibt es automatisch Zeiten der Distanz. Man sieht sich üblicherweise nur am Wochenende und vielleicht noch am Mittwoch. Dann telefoniert man vielleicht jeden Abend für eine halbe Stunde, aber ansonsten macht jeder etwas für sich. Mehr als die Hälfte der freien Zeit hat jeder zur eigenen Verfügung, das Bedürfnis nach Freiheit ist dadurch erfüllt. Das ändert sich natürlich radikal, wenn man zusammenzieht. Man sieht sich nun am Wochenende von morgens bis abends, und jeder muss respektieren, dass der andere seine eigenen Lebensgewohnheiten hat. Er will ausschlafen, sie steht früh auf. Sie möchte kuscheln, er noch am Computer arbeiten. Wie will man hier einen Ausgleich schaffen, bei dem sich beide wohl fühlen? Das ist fast schwieriger, als würden zwei Konzerne miteinander verschmelzen. Jeder muss die Eigenarten des anderen respektieren, ohne die eigenen Bedürfnisse aufzugeben. Beide müssen einen Weg finden, aufeinander zuzugehen, und dies ist nur möglich, wenn man Kompromisse macht, und man braucht viel Humor, um sich nicht ständig über den anderen zu ärgern.

Das Zusammenziehen ist also für eine Partnerschaft immer ein Abenteuer. Letztlich verändern sich die Nähe-Inhalte der Beziehung. Man lernt sich wesentlich besser kennen, es gibt mehr Reibungspunkte, man verbringt den Alltag und die Bedeutung der Sexualität nimmt ab. Zwar glauben Singles, dass man mehr Sex hat, wenn man zusammenwohnt. Aber die Realität sieht wohl anders aus. Jedenfalls ergab eine Umfrage am Londoner University College, dass die Frauen dann weniger

Lust auf Sex haben, während sie bei den Männern zunimmt. Offenbar gehen die Erwartungen der Frauen hinsichtlich der Nähe oft nicht in Erfüllung, und darunter leidet dann auch die Lust am Sex. Für Frauen gibt es einige Sexkiller:

- Männer, die nicht reden und stundenlang vor dem Fernseher und dem Computer sitzen
- Männer, die nicht im Haushalt helfen und überall ihre Hemden, Unterhosen und Socken verstreuen

Vor allem stört Frauen, dass Männer oft dazu neigen, nach dem Zusammenziehen mit dem Werben aufzuhören: »Mein Mann hat sich so sehr um mich bemüht, als wir noch nicht zusammen wohnten. Wir haben uns Sonnenuntergänge angeschaut, hatten an wunderschönen Orten ein Picknick und haben uns immer wieder geküsst. Er hat das alles schön arrangiert. Und jetzt? Ich bin froh, wenn wir beim Frühstück etwas miteinander reden, der Alltag hat uns eingeholt.« – das ist eine typische Aussage einer 54-jährigen Lehrerin. Die Nähe bedarf eben auch der Bemühung, sonst wird im Laufe der Zeit alles langweilig. Dann redet man nur noch darüber, wer einkaufen geht, wer das Badezimmer putzen sollte, wer die Tochter zum Ballettunterricht fährt.

Aber die meisten Frauen bemängeln nicht nur, dass es zu wenig Nähe gibt, sie fordern heutzutage auch mehr Freiheit ein. Und diese Bedürfnisse sind bereits beim Zusammenziehen zu berücksichtigen. Das fängt schon bei der Frage an, ob man einen gemeinsamen Schreibtisch haben will oder ob die Schreitische gegenüber stehen sollen. Und will man sich einen gemeinsamen Schrank anschaffen? Es mag so klingen, als wären dies Kleinigkeiten – dennoch hat es für das Zusammenleben eine große Bedeutung. Es schafft viel zwangsläufige Nähe, wenn zwei studieren und sich den ganzen Tag gegenübersitzen. Keiner kann dann unbemerkt Emails schreiben. Und nun gibt es eine Grundregel: Es ist leichter, zunächst einmal mit einer distanzierten Lösung zu beginnen, und sich dann anzunähern. Das ist unkomplizierter, als wenn man irgendwann seinen Schreibtisch in einen anderen Raum stellt und mit seiner Matratze auszieht. Bereits vorhandene Nähemuster zu ändern, ist für den Partner meist kränkend. Doch oft sind wir nicht in der Lage, uns die Distanzwünsche einzugestehen. Meist haben wir ja zugleich Nähe- und Distanzbedürfnisse, und am Beginn einer Beziehung überwiegt der Wunsch nach Nähe. Insofern müssen wir beim Zusammenziehen eine Wohnlösung finden, die flexibel genug ist, dass wir auch unser Freiheitsbedürfnis ausleben können.

Ich will leben wie ich will

Allerdings sind wir im Allgemeinen nicht so klar in unseren Gefühlen wie die Journalistin David-Neel. Sie lebte vor über hundert Jahren und lernte bei einer Reise ihren Mann Philippe Neel kennen. Schon als Kind war sie zurückhaltend, aber selbstbewusst und setzte sich später für die Gleichberechtigung von Mann und Frau ein. Sie heiratete und fand, die ideale Form des Zusammenlebens sei ein Garten mit zwei Wohnhäusern. Die Ehe entwickelte sich schwierig und wurde durch ihre vielen Reisen eher zu einer außergewöhnlichen Briefbeziehung. Schließlich kündigte sie ihm an, sie würde zurückkommen, aber sie wolle leben, wie sie wolle: »Ich will schon mit dir leben, aber nur wenn ich um drei Uhr aufstehen und um neun ins Bett gehen kann, und sofern ich mich ein oder zwei Wochen lang einschließen darf, wenn es mich überkommt, ohne dass es dich stört oder dass du mich störst.«[14] Und er ging darauf ein, denn er konnte ohne sie nicht leben. So wurde er ihr bester Freund und Beschützer. Zwar war er nie treu, aber sie fanden doch eine sehr verlässliche Nähe, die stark von beidseitiger Eigenständigkeit geprägt war.

Schließlich heiratet man

Sicher empfinden auch Sie das Zusammenleben dieses Ehepaars als etwas extrem. Aber jeder von uns hat doch seine Rückzugsorte, will einmal ungestört sein, und es ist wichtig, dass der Partner dies respektiert. Das ist nach meiner Erfahrung eine der wichtigsten Voraussetzungen für das Zusammenziehen. Dann klappt es bei den meisten Paaren ganz gut. Eine positive Bilanz zieht auch der Soziologieprofessors Laszlo A. Vaskovics, der sechs Jahr lang 900 deutsche Paare beobachtete, die zusammen wohnten. Nur ein Drittel der Paare trennte sich am Ende des Versuchzeitraums. Doch fast zwei Drittel waren schließlich verheiratet oder wollten heiraten.[15] Die typische Entwicklung des Zusammenlebens ist also nicht, dass zuviel Abstand entsteht, sondern dass man schließlich heiratet. Offenbar werden Beziehungen stabiler, wenn man zusammenwohnt. Wer nicht zusammenzieht, liebt wahrscheinlich eher die Autonomie und trennt sich auch leichter. Und das ist auch einfacher, weil man nicht gezwungen ist, sich im Konfliktfall auseinanderzusetzen.

Zu mir, zu ihr oder eine neue Wohnung?

Allerdings stellt sich dem Zusammenziehen zunächst eine ganz praktische Frage: Zieht sie zu ihm, er zu ihr, oder sucht man sich eine neue Wohnung. Oft liegt die Lösung nahe, wenn einer eine große und schöne Wohnung hat und zudem Geld sparen will. Doch der Konflikt ist natürlich programmiert, wenn sich der »Zuzügler« langfristig als der ›Besuch‹ empfindet. Nähe in einer Beziehung lebt von der Gleichberechtigung, und dies ist bei einem ›Zuzug‹ oft nicht der Fall. Die alten Regale und das Doppelbett stehen bereits in der Wohnung – der Zuziehende muss schauen, wo er seine Sachen unterbringt. Zudem sind mit der Wohnung oft auch Lebensgewohnheiten verknüpft. Wenn sich der Mann in seiner Wohnung zuhause fühlt, hat er dort das ›Hausrecht‹. So jedenfalls empfindet er es, wenn er weiterhin abends Sportschau sieht, seine Freunde einlädt und die bisherigen Gewohnheiten fortsetzt. Aber das Zusammenziehen muss immer ein Neubeginn sein, weil sich sonst einer an das Leben des anderen so sehr anpasst, dass seine Bedürfnisse untergehen. Deshalb ist es wichtig, dass man die Wohnung renoviert und einen Neubeginn wagt. »Es muss ein anderer Geist rein« – meinte dazu meine Haushaltshilfe. Und dann sollte man sich zusammensetzen und durchaus radikaler die Wohnung umgestalten. Letztlich sollte man so planen, als würde man neu einziehen. Nehmen Sie sich für eine solche Planung Zeit, denn dies ist einer der ersten größeren Kooperationstests.

Haben Sie schon einmal eine Wohnung zusammen eingerichtet? Vielleicht haben Sie sich auch gewundert, dass plötzlich eine Streitstimmung entstand, die Sie so bisher nicht kannten. Sonst war es Ihnen recht egal, dass er gern Abenteuerfilme sieht, während Sie sich eher Liebesfilme anschauen. Aber die alte Kommode, die ihn an seine Mutter erinnert, ist doch zu scheußlich. Und seine Modellbahnanlage muss auch abgebaut werden, damit Sie einen eigenen Raum haben. Diese Konflikte sind deshalb so schwerwiegend, weil hier Welten aufeinander stoßen. Unser Charakter, unsere Lebensauffassung spiegelt sich eben auch in der Wohnungseinrichtung wieder. Diese Erfahrung machte auch ein befreundetes Pärchen: Sie wollte die Räume gern benutzerfreundlich einrichten. Sie dachte an einen Teppichboden, einige Regale – denn sie wollte oft Besuch und vor allem Kinder einladen. Es sollte alles so sein, dass auch eine Schramme, ein Rotweinfleck kein Unglück wären. Doch ihr Partner war ganz anderer Meinung, er wollte einen Parkettboden und nur einige wenige ausgesuchte Möbel. Lachend sagte mir der Ehemann: »Ich wollte ein Museum, sie eine Jugendherberge.« Und zum Schluss haben sie sich doch geeinigt, indem sie aufeinander zugingen:

Er bekam seinen Parkettboden und gewöhnte sich mühselig im Laufe der Zeit daran, dass die Möbel manchmal eine Schramme bekamen. Und sie beherzigten eine gute Grundregel: Jeder bekam einen Raum, den man nach seinem Gutdünken einrichten konnte. Das ist eine der wichtigsten Erkenntnisse für die Nähe in einer Partnerschaft: Tolerieren Sie unterschiedliche Entscheidungen, ermöglichen Sie auch Distanz. Man muss nicht alles angleichen, nicht immer harmonieren. Wenn jeder sein eigenes Leben bewahren und entfalten darf, ist dies eine gute Grundlage für die gemeinsame Nähe. Und dann kann man auch sehr entspannt den Einzug mit einem gemeinsamen Fest feiern. Wenn man schließlich als gemeinsame Gastgeber auftritt, ist dies auch symbolisch das Zeichen für den Neubeginn.

Natürlich kann man sich auch eine neue Wohnung oder ein Haus suchen. Aber konfliktlos ist das natürlich auch nicht. Oft will der eine im Grünen, der andere in der Stadt wohnen. Einer hat mehr Geld als der andere. Entsprechend meint er, man könne sich eine größere Wohnung leisten. Und sie plädiert oft für ältere, schöne Möbel, er wäre auch mit einer Ikea-Einrichtung einverstanden. Dostojewski hat einmal gemeint, durch nichts würde man den Charakter eines Menschen deutlicher sehen, als durch die Art seines Wohnens. Und nun soll man diese unterschiedlichen Vorstellungen zusammenbringen? Das ist natürlich besonders schwierig, wenn man ein Haus baut. Schon bei der Planung geht es oft um den Konfliktpunkt Nähe. Brauche ich Rückzugsräume oder bevorzuge ich die offene Bauweise? Wie die Nähebedürfnisse die Hausplanung beeinflussen, konnte ich bei einem Ehepaar beobachten, das sich in einer Kleinstadt ein Haus baute. Ihr Wunsch nach intensiver Nähe war nicht sehr ausgeprägt, sie bevorzugten aber die ständige mittlere Nähe. Und so haben sie ein Haus gebaut, das sehr offen gestaltet ist. Es hat eine große Galerie im ersten Stock und so kann man von fast jedem Ort des Hauses den anderen mitbekommen. Ganz anders ist der soziale Entwurf eines weiteren Paares. Sie haben sehr darauf geachtet, dass es viele kleine Zimmer gibt, in die man sich zurückziehen kann. Am massivsten fand ich diesen Entwurf bei dem Sommerhaus von Einstein in Caputh. Einstein war auf die Nähe anderer Menschen angewiesen, wollte aber gleichzeitig seine Ruhe haben. Diesen Konflikt löste er, indem sich sein Zimmer am Ende eines langen Wohntrakts befand, die Gesellschaftsräume (Küche und Wohnzimmer) waren weit entfernt, so dass er sich nicht gestört fühlte.

Ein solches Getrenntleben ist manchmal nicht das Ergebnis einer Entscheidung, sondern aufgrund der sozialen Gegebenheiten unerlässlich. Wenn sich ein Mann in eine Frau verliebt, die Kinder in die Beziehung einbringt, wird er sich in den ersten Jahren stark an die sozialen Muster anpassen müssen. Er muss zunächst schauen, wie die Kinder mit der Mutter umgehen, muss Vertrauen aufbauen, sich als Teil der Gemeinschaft einbringen. Oft würde es die Mutter als störend empfinden, wenn ihr Partner sehr schnell in die Wohnung ziehen würde.

Wenn einer zum anderen zieht, geht es immer um das Thema Gleichberechtigung. Und dies zeigt sich auch sehr deutlich darin, wer in den Mietvertrag eingetragen ist. Man muss solche rechtlichen Fragen klären, solange die Beziehung harmonisch ist. Es kann den Prozess der Nähe empfindlich stören, wenn man bei Konflikten die Angst haben muss, dass uns der andere aus seiner Wohnung wirft. Diese Gleichberechtigung ergibt sich vielleicht am ehesten, wenn man sich eine neue Wohnung sucht. Das hat den Vorteil, dass man auch symbolisch einen Neuanfang macht. Und zentral ist dann die Frage, inwieweit jeder seinen eigenen Rückzugsraum hat. Man muss sehr genau und sehr realistisch klären, wie viel Rückzugsraum jeder braucht. Erfahrungsgemäß unterschätzen die meisten ihren Wunsch nach Abstand, nach einem eigenen Raum.

Zusammen oder getrennt schlafen?

Eine wichtige Frage bei der Gestaltung des Zusammenlebens ist natürlich die des Schlafzimmers. Soll man zusammen schlafen oder nicht? Wenn der Ehepartner sehr laut schnarcht, ist diese Frage oft bereits geklärt: Man schläft ruhiger, wenn jeder sein eigenes Bett hat. Jeder vierte Mann unter 60 Jahren schnarcht und manche von ihnen schnarchen so laut, dass eine Lautstärke von 100 Dezibel erreicht wird. Dies entspricht dem Geräusch einer Motorsäge, und bei der Arbeit müssten Sie einen Gehörschutz tragen. Warum soll man sich das antun? Diese Frage stellt sich natürlich auch, wenn zwei Partner ganz unterschiedliche Schlafgewohnheiten haben. Wenn der eine Nachtmensch ist und der andere ein Tagmensch, gibt es natürlich heftigste Konflikte. Oft will einer dann noch lesen und räuspert sich, der andere will schlafen. Natürlich ist es für den Aufbau der Nähe günstig, wenn zwei Menschen ähnliche Aufsteh- und Einschlafgewohnheiten haben. Und ich weiß, dass man diese sogar ändern kann. Ein sehr guter Freund war früher immer Nachtmensch. Aber er lernte eine Frau kennen, mit der er gern einschlafen und aufstehen wollte. Und plötzlich stand er um 6.00 Uhr (also mitten in der Nacht) auf, frühstückte mit ihr und war abends so müde, dass er gemeinsam mit ihr schlafen ging. »Es war ein schönes Nähe-Ritual, wenn wir beide zur gleichen Zeit ins Bett gingen, dann noch etwas lasen und uns unterhielten. Dann hörte ich noch ihr ›pitschepüh‹ und manchmal lag ich wach und dachte: Ich bin so glücklich.« – so ein guter Freund.

Geht die Erotik verloren

Aber die Verfechter der getrennten Schlafzimmer bringen nicht nur praktische Gründe vor. Sie sind auch der Meinung, dass durch das gemeinsame Schlafzimmer die Erotik verloren gehen kann. Ein älterer Bankbeamter sagte mir bei einer Radtour, sein Geheimnis der langen Ehe seien die getrennten Schlafzimmer: »Ich bin immer wieder neugierig auf meine Frau, ich sehe sie nicht morgens mit Lockenwicklern, ich höre sie nicht schnarchen. Wir haben genug Freiräume. Es gibt diese vielen kleinen Nachlässigkeiten nicht, über die man sich ärgert. Wenn ich meine Frau sehen will, muss ich mich um sie bemühen. Das ist sicher schwieriger, als wenn man nebeneinander schläft. Aber es ist schöner. Es ist immer wieder eine bewusste Entscheidung. Und ich bekomme wirklich Sehnsucht, wie am ersten Tag der Ehe. Es führt doch zu einem Überdruss, wenn ich den anderen ständig sehe, ihn ständig anfassen kann … Also ich plädiere für getrennte Schlafzimmer. Dann gibt es auch keinen Streit über die Raumtemperatur.« Sie kennen das doch sicher auch? Sie wollen gern bei offenem Fenster schlafen, der Ehemann schließt es wieder. Solchen Streitigkeiten geht man aus dem Weg, wenn man getrennt schläft. Und für viele Paare sind getrennte Schlafzimmer die Möglichkeit, die Leidenschaft am Leben zu halten. Mittlerweile haben in Amerika 60 Prozent der neu gebauten Häuser zwei Elternschlafzimmer. Dies entspricht auch der Lebensgewohnheit der Römer. Sie hatten in den Feudalvillen jeweils ein Bett für sie und für ihn – das ›lectus cubicularis‹ – und für die Erotik traf man sich im Ehebett – dem ›lectus genialis‹. Und zum Vorbild ist für viele Menschen auch das Liebesleben des französischen Königs geworden. Seine Mätressen am Hof von Versailles kamen immer nur für ein bis zwei Stunden, dann schlief der König zufrieden und entspannt allein ein.

Schlafpragmatiker und Kuschelromantiker

Während noch vor einigen Jahrzehnten das getrennte Schlafen tabu war (»das ist der Anfang vom Ende«) haben heutzutage Paare die freie Wahl zwischen beiden Möglichkeiten.

Nach einer aktuellen Parship-Umfrage halten sich inzwischen Schlafpragmatiker und Kuschelromantiker die Waage. 40 Prozent plädieren für das gemeinsame Schlafzimmer, 37 Prozent für das getrennte Schlafen. Allerdings sind dabei die Frauen pragmatischer als die Männer. Während nur 30 Prozent der Männer mit einem getrennten Schlafzimmer einverstanden sind, stimmen 40 Prozent der Frauen dieser Lösung zu. Es ist erstaunlich: Noch vor dreißig Jahren galten Frauen als bedrängend und Nähe suchend. Heute sind zumindest beim Thema Schlafzimmer die Männer Nähe suchender als die Frauen.

Doch immerhin fast 35 Prozent der Ehepaare gehen nach einer von mir durchgeführten Umfrage meist zur gleichen Zeit schlafen und viele haben dann ein Ritual: Sie besprechen den Tag miteinander, kuscheln und schlafen ein. In diesem Übergang zwischen Tag und Nacht ist es für sie beruhigend, dass der Partner neben ihnen liegt, dass sie ihn berühren können. Es gibt ihnen ein Gefühl der Geborgenheit und Sicherheit. Meist schlafen sie besser, wenn sie den anderen neben sich spüren und finden es schön, am nächsten Morgen neben dem Partner aufzuwachen. Neben dem anderen zu schlafen, ist natürlich ein Akt des Vertrauens. Insofern ist es sehr individuell, ob man auch während des Schlafens Körperkontakt mag oder nicht. Ein Kollege berichtete mir: »Ich mochte früher Zärtlichkeiten, aber ich musste mich zurückziehen, wenn ich einschlief. Ich hätte dann nie eine Frau berühren können. Ich zog also meine Hände und Füße zurück, rollte mich etwas ein, und in dieser Haltung fühlte ich mich geschützt. Deshalb war es für mich eine sehr beglückende Erfahrung, dass ich eine sehr nette Frau kennenlernte, die mich nicht bedrängte, aber sehr nähebedürftig war. Sie lag nachts immer sehr dicht neben mir, berührte mich … und ich fand das schön.«

Nichts sagt mehr über eine Beziehung aus als die Schlafgewohnheiten. Während das eine Pärchen eng nebeneinander einschläft, liegen andere Rücken an Rücken. Und wenn Streitigkeiten die Ehe prägen, schläft man meist sehr voneinander entfernt. Meine Ecke/deine Ecke – ist dann die Devise. Und das ist das genaue Gegenteil jeder Nähe, die wir am Beginn einer Partnerschaft erlebten. Frisch Verliebten reicht ein Bett mit 90 cm Breite völlig aus, während nach etlichen Jahren für viele Ehepaare ein Abstand von 200 cm fast unverzichtbar ist. Die Nähe-Distanz-Entfernung lässt sich kaum so gut erkennen wie an der Schlafposition. Junge Paare schlafen eng umschlungen, sie bevorzugen den Liebesknoten, bei dem sich viele Körperteile berühren, gehen später zur Löffelchenstellung über. Und noch später berührt man sich nachts auch nicht mehr. Man gibt sich abends höchstens noch einen Kuss, streckt die Hand rüber und sagt: ›Gute Nacht‹. Man ist froh, eine eigene Decke zu haben, die nicht mehr weggezogen wird. Nun meint der Hamburger Paartherapeut Elmar Basse, solche Schlafgewohnheiten solle man nicht überbewerten. Aber gerade unser Verhalten im Schlaf sagt viel über unser Vertrauensverhältnis in der Partnerschaft aus. Nirgends sonst sind wir so ungeschützt und so Nähe suchend, aber auch distanzbedürftig wie im Schlaf. Insofern ist das Schlafzimmer immer das Spiegelbild unserer Partnerschaft.

Es gibt bei den Schlafgewohnheiten einen ganz eindeutigen Trend: Je länger die Ehe dauert, desto größer wird vor allem bei den Frauen der Wunsch nach nächtlichem Abstand. Männer sind offenbar eher in der Lage – auch in der Nähe einer Frau – sich auf sich zurückziehen. Sie empfinden Nähe daher oft eher als Bereicherung. Demgegenüber fühlen sich viele Frauen – die lange verheiratet sind – nachts oft gestört, sie leiden unter Schlafstörungen, können nicht so gut abschalten, und erst im eigenen Bett haben sie das Gefühl, wirklich zu sich selbst kommen zu können. Das wurde mir deutlich, als mir eine gute Freundin berichtete, sie könne nicht mehr mit Männern in einem Zimmer schlafen. Sie sei dann zu unruhig – meinte sie. Offenbar fehlt ihr das wohlige Gefühl, die Nähe eines Menschen zu suchen, wie es Kinder bei einer guten Mutter-Bindung erleben. Kinder krabbeln oft in der Morgenfrühe in die Bettritze, legen sich zwischen die Eltern, schmiegen sich an und erleben die unbeschwerte Nähe, bis die Eltern aufstehen. Doch dies körperliche Urvertrauen ist uns Erwachsenen meist fremd Wir suchen nachts den Abstand, als wären wir eine Kleinstadt, in der die Zugbrücken hochgezogen werden, damit die Bürger vor Überfällen geschützt sind. Insofern ist unser Rückzug im Schlaf immer auch ein Ausdruck eines größeren Distanzbedürfnisses.

Das Ritual des Miteinander-Liegens

Ich plädiere oft dafür, dass man mindestens an zwei Tagen in der Woche das Ritual eines Miteinander-Liegens pflegt. Dann entsteht eine ungezwungene Nähe, die vor allem von Frauen so geschätzt wird. Man streckt die Hand aus, schaut den Partner an, manchmal ergibt sich dann ein zärtliches Kuscheln, manchmal auch mehr. Die 48-jährige Lehrerin meint: »Das ist ja das schöne, dass ich immer frei entscheiden kann. Das muss eben nicht die große erotische Nummer sein, sondern man kann spielerisch schauen, ob man eher zärtlich sein will, ob es mehr wird. Wenn mein Mann nebenan liegen würde, dann wäre der Sex immer eine Staatsaktion.« Solche entspannten Rituale der Nähe sind wichtig für eine Partnerschaft. Nicht immer ergibt sich sonst der aktive Entschluss zum Zusammensein, und gerade in schwierigen Zeiten fehlen dann die sozialen Berührungsflächen.

Ein Raum für sich allein

Vielleicht haben Sie sich auf ein gemeinsames Schlafzimmer geeinigt und wollen zusammenziehen. Dann sprechen Sie vorher über ihre kleinen Eigenheiten im Tagesablauf. Jeder hat seine Angewohnheiten, die ihm heilig sind. Sie schläft gern aus, will nicht geweckt werden und empfindet es als störend, wenn er bereits morgens Krach macht. Doch auch im Tagesverlauf hat jeder Zeiten, an denen er seine Ruhe haben will. Er sieht jeden Samstagabend Fußball und findet es als bedrängend, wenn sie immer mit irgendwelchen Problemen ankommt. So verfügt jeder über seine kleinen Naturschutzgebiete, die es zu respektieren gilt. Um solche Streitigkeiten zu minimieren, wäre es natürlich wichtig, dass jeder seinen eigenen Raum hat.

Früher war es zumindest in der Mittel- und Oberschicht üblich, dass die Männer ein Arbeitszimmer hatten. Ein schwerer, großer Eichenschreibtisch, ein wuchtiger Schreibtischsessel, einige Bücherregale – das war das Reich des Ehegatten, in das er sich regelmäßig zurückzog. Dort konnte er ungestört lesen, arbeiten, seinen Gedanken nachhängen und Zigarren rauchen. Selbst die Kinder hatten Respekt vor diesem Zimmer und traten nur leise und auf Zehenspitzen ein. Ein solches Zimmer ermöglichte es dem Mann des Hauses, abseits vom Familientrubel sich selbst zu finden. Und dies war auch der Gedanke von Virginia Woolf, die 1929 in dem Essay »Ein eigenes Zimmer« die These vertrat, Frauen bräuchten ein Zimmer für sich, »ein Zimmer für mich ganz allein, eingerichtet, ganz so, wie ich selbst es mag, mit meinen Geheimnissen, meinen Andenken, nach meinem Geschmack, eben ein Stückchen meiner Seele preisgebend.«[16] Erst ein solcher Raum schafft – so Virginia Woolf – jene Privatsphäre, in der wir unsere geistige Unabhängigkeit entfalten können, in der unsere Seele zu wachsen beginnt. Und so fordern heutzutage immer mehr Frauen einen größeren Freiheitsraum ein. Untersuchungen von Elite.de besagen, dass sich 25 Prozent der Frauen ein eigenes Zimmer wünschen. Und die Fotografin Chris Casson Madden, die einen Bildband über Frauen-Zimmer veröffentlichte, meint sogar, jede zweite Frau brauche immer wieder einen Raum, in den sie sich zurückziehen, auftanken, abschalten, sich erneuern könne.

Weil sich Frauen auflösen ...

Gerade Frauen müssen sich gelegentlich abschotten können, da sie sonst immer auf ›Sendung‹ sind. Sie sind so erzogen, dass sie ständig die Wünsche und Ansprüche anderer erfüllen und sich selbst verlieren. Deshalb meint auch die Kriminalbuchautorin Petra Würth: »Frauen haben die Tendenz, sich aufzulösen.« Wie in dem Märchen Goldmarie und Pechmarie sehen Frauen oft, was gemacht werden muss und kümmern sich zu wenig um sich selbst. Nun steht leider nicht allen Frauen ein eigenes Zimmer zur Verfügung. Nicht immer gibt es einen großen Keller oder ein Dachgeschoss, wo neuer Raum geschaffen werden kann. Und selbst wenn genügend Raum zur Verfügung steht: Sobald Kinder auf die Welt kommen, geht diese Privatwelt meist verloren. Der einzige ruhige Ort ist dann das Badezimmer, und ich erinnere mich an meine eigene Kindheit, wo man sich nur zurückziehen konnte, wenn man auf dem Klo saß. Dort konnte man auch lesen, doch leider wurde dies Vergnügen stets nach einiger Zeit durch das Klopfen an der Tür gestört.

Auch für die Stadtplaner ist unser immer größerer Wunsch nach sozialer Eigenständigkeit eine große Herausforderung. Heutzutage verfügen allein lebende Menschen im Durchschnitt über 70 m^2 Wohnraum. Die durchschnittliche Pro-Kopf-Wohnfläche ist allerdings wesentlich geringer, sie ist von 16 m^2 im Jahre 1960 auf 41 m^2 im Jahre 2002 gestiegen. Wir können uns kaum noch daran erinnern, wie man früher zusammenlebte. In meiner Kindheit spielte sich im Winter das gesamte Leben der Großfamilie tagsüber in der Küche ab. Durch den großen Herd war dieser Raum beheizt, und so saßen Großmutter, Mutter, Vater und meine Schwestern meist am Tisch, ich raste mit meiner roten Feuerwehr unter ihren Beinen hindurch. Damals war dies für mich der Inbegriff der Gemütlichkeit. Ich fühlte mich auch geborgen, wenn wir alle in einem Zimmer übernachteten. Später stieg jedoch auch bei mir der Wunsch nach einem eigenen Zimmer.

Doch was kann man tun, wenn man kein eigenes Zimmer hat? Der einzige Ausweg besteht dann oft darin, dass man außerhalb der Familie etwas allein unternimmt. »Ich gehe ja jede Woche zum Sport, in ein Fitnessstudio … Aber das ist auch reglementiert. Alles ist vorbestimmt. So richtig komme ich da auch nicht zu mir«, klagte eine 45-jährige Technikerin. Ich regte an, dass sie alle 14 Tage einen Abend ›frei‹ nehmen solle. Sie könne dann selbst entscheiden, ob sie mit Freundinnen ins Kino gehen oder sich einfach in ein Cafe setzen wolle. Sie war von diesem Vorschlag begeistert und meinte, sie bräuchte auch einmal diese Zeit für sich. Das ist auch die Erfahrung vieler Frauen, die sehr beglückt sind, wenn ihr Mann einmal verreist ist. »Was glauben Sie, wie verliebt ich bin, wenn wir nicht alles zusammen machen, wenn mein Mann weg ist. Dann gehe ich durch die Wohnung, und so ein, zwei Tage bin ich richtig erleichtert. Ich genieße es, wenn keiner da ist. Manchmal gehe ich auch im Morgenmantel durch die Räume, ich ›schlunze‹ herum, wie man bei uns so sagt. Aber so nach vier, fünf Tagen ändert sich das. Dann bekomme ich Sehnsucht, und darüber freue ich mich richtig. Im Alltag spüre ich oft diese Sehnsucht nicht, und darunter leide ich …« – berichtete eine 45-jährige Krankenschwester. Sie zog daraus die Konsequenz, dass sie sich einen ganz kleinen Raum im Haus anmietete, der früher eine Waschküche war: »… ich setze mich manchmal nur eine halbe Stunde in diesen Raum und bin für mich. Ich muss mich manchmal sammeln, mich finden – dann bin ich wieder für alle da …«

Fernbeziehungen

Ganz anders ist natürlich die Nähe-Dynamik wenn man eine Fernbeziehung führt. Dies hat meist berufliche Gründe, denn in unserem Berufsleben ist oft eine große Mobilität erforderlich. Wir wohnen nur noch sehr selten von der Geburt bis zum

Tod in derselben Stadt. Wir müssen dort leben, wo es Arbeit gibt. Die amerikanischen Arbeiter waren darauf schon immer eingestellt. Dies spiegelt sich oft in ihrer Lebensmentalität wider. Man fasst manchmal kaum Wurzeln, da man vielleicht morgen wieder wegziehen muss. In Deutschland stehen wir erst am Anfang einer solchen Entwicklung. Sie führt allerdings dazu, dass viele Paare getrennt leben. Früher war es selbstverständlich, dass die Frauen ihren Mann überallhin begleiteten. Doch heute sind sie selbst berufstätig. Oft wollen sie den Kindern einen häufigeren Umzug nicht zumuten. Und so kommt es zu einer Fernbeziehung. Nun ist nirgends genau definiert, bei welchem räumlichen Abstand eine Fernbeziehung beginnt. Aber es ist dennoch klar: Es handelt sich um Fernbeziehungen, wenn man so weit auseinander wohnt, dass man sich nicht ständig sehen kann. Während früher bestimmte Berufsgruppen wie Schauspieler, Händler, Fernfahrer, Musiker, aber auch Militärangehörige viele Monate getrennt von ihrer Frau lebten – sind die Fernbeziehungen inzwischen zu einer Partnerschaftsform geworden, von der jeder betroffen sein könnte. Meist ist sie das Ergebnis äußerer Prozesse: Ein Zweigwerk schließt und man bekommt einen neuen Arbeitsplatz im entfernten Stammwerk, oder die Chancen auf einen Arbeitsplatz sind erheblich besser, wenn man bereit ist, 1000 km vom Wohnort entfernt zu arbeiten. Doch es gibt auch Fernbeziehungen, die freiwillig gesucht werden. Eine 43-jährige Lehrerin, die früher im Ausland lebte, suchte sich im Internet ganz bewusst einen Pädagogen, der in einer anderen Stadt lebte. Sie sagte mir: »Ich habe immer eine volle Woche, habe viel zu tun, habe hier meine Familienbeziehungen, einen guten Freundeskreis. Ich würde mich bedrängt fühlen, wenn einer das ganze Wochenende mit mir verbringen will. Das muss nicht sein. Ich finde es schön, wenn ich Sehnsucht entwickeln kann, wenn ich ihn alle 14 Tage sehe. Das ist kein Dauerzustand, aber für die ersten Jahre finde ich das toll.« Allerdings ist eine solche ›bewusste‹ freiwillige Fernbeziehung selten. Meist bewahrheitet sich doch der Spruch von Wilhelm Busch: »Und die Liebe per Distanz, kurz gesagt, missfällt mir ganz.«

Nähe trotz Abstand

Etwas häufiger sind Fernbeziehungen, deren Auslöser eine Urlaubsbekanntschaft ist. Meist lebt dann der interessante Mann einige hundert Kilometer entfernt. und man kann sich nur alle 14 Tage sehen. In einer vom Focus in Auftrag gegebenen Umfrage erklärten fast 70 Prozent der Befragten, sie könnten sich auch eine Fernbeziehung vorstellen, die aus einem Urlaubsflirt entstanden sei. Allerdings wissen wir, dass dann der größte Teil dieser Beziehungen bereits innerhalb eines Jahres scheitert. Bei den klassischen Fernbeziehungen liegen wesentlich bessere Bedingungen vor. Meist kennt man sich schon einige Monate oder Jahre, bevor man getrennt wird. Und dies trifft auf immer mehr Paare zu. Inzwischen sind $^1/_8$ aller Partnerschaften sogenannte Fernbeziehungen. Wobei hierbei nur jene Beziehungen erfasst werden, die in zwei Wohnungen leben. Unberücksichtigt bleiben jene Partnerschaften, wo einer ständig auf Dienstreise ist. Die Zahl der Fernbeziehungen ist deshalb erheblich höher, bei Akademikern geht man davon aus, dass mindestens 25 Prozent von ihnen einmal so gelebt haben.

Bus, Bahn, Telefon

Durch günstige Flug- und Bahnverbindungen ist es inzwischen viel leichter, auch ohne Auto einen weit entfernten Ort zu erreichen. Durch sehr preiswerte Telefonverbindungen und das Internet kann man heute unkompliziert in Kontakt bleiben. Auf diese Weise überbrücken die meisten Paare die Entfernung durch regelmäßiges Telefonieren, durch E-Mails und SMS-Botschaften. Man tauscht sich über alle Erlebnisse und Gedanken aus, und dadurch kommt häufig das Gefühl einer großen Vertrautheit zustande. »Ich stehe mit Paul auf und ich gehe mit Paul schlafen. Ich weiß immer was er macht, am Wochenende schreiben wir manchmal jede Stunde eine E-Mail … es macht dann immer ›pling‹ auf dem Bildschirm, und dann sehe ich ›Paul‹ hat geschrieben … außerdem telefonieren wir noch vormittags und abends … und ich habe oft das Gefühl, dass Paul mich begleitet. Er weiß alles von mir, er hilft mir, wir haben vollständiges Vertrauen zueinander …« – so der Bericht einer 45-jährigen Schauspielerin. Aber man muss wohl fähig sein seine Gefühle in Worte zu fassen, damit auf diese Weise Nähe entsteht. Es gibt Menschen, die sich nicht so geschickt ausdrücken können. Sie brauchen den selbstverständlichen Alltag, den Körperkontakt. Sie wollen zusammen auf dem Sofa sitzen und sich im Fernsehen den Tatort anschauen. Sie sehen die Fernbeziehung eher kritisch.

Der fehlende Alltag

Doch Menschen, die einen großen Freiheitswunsch verspüren und in der Lage sind, durch Worte eine intensive Beziehung aufrechtzuerhalten, werden die Vorteile einer Fernbeziehung durchaus zu schätzen wissen. Es gibt in solchen Beziehungen keinen wirklichen Alltag, man muss sich nicht über Küchenarbeiten herumärgern, nicht über das Einkaufen und Putzen. Die gesamten Alltagsprobleme treten in den Hintergrund. Das mag man als Vorteil betrachten. Aber Goethe sprach einmal davon, dass die Gegenwart eine starke Göttin sei. Er meinte damit, dass wir die Bedeutung des Alltags nicht unterschätzen sollten. Wenn wir den Partner unterstützen können, weil gerade der Strom ausgefallen ist, wenn wir ihn im Krankheitsfall pflegen oder spontan miteinander kochen können, ist das ein sehr stabiler Bindungsfaktor. Es schweißt eben auch zusammen, wenn man gemeinsam das Auto anschieben kann oder Möbelhäuser besucht, um die Wohnung einzurichten. Gewissermaßen besteht in einer Fernbeziehung immer ein wenig dünne Luft. Man redet viel miteinander, aber es fehlt doch der konkrete Austausch. Und dies gilt natürlich insbesondere für den Bereich Zärtlichkeit und Sexualität.

Ein Hauptproblem jeder Fernbeziehung ist die körperliche Distanz. Es gibt immer ein erotisches Defizit. Das birgt immer die Gefahr eines Seitensprungs, wenn die Fernbeziehung sehr lange andauert. Es ist ja nicht leicht, dass man einige Wochen durchhalten muss, um dann wieder einen intensiven Körperkontakt zu erleben. »Ich bin bei jedem Treffen erotisch aufgeheizt, wir liegen stundenlang im Bett miteinander. Aber so richtig entspannt ist das nicht. Ich träume ja schon vorher immer davon, ihn endlich berühren zu können und bin dann wie unter Strom. Zur Ruhe komme ich eigentlich erst, wenn er wieder wegfährt«, – so eine 43-jährige Lehrerin. Oft besteht also eine erotische Unausgeglichenheit und dies kann zu einem Seitensprung führen, wenn heftige Konflikte die Distanz bekräftigen. Und dies ist dann meist das Ende der Beziehung. Zumindest ist das Vertrauen völlig zerstört. Doch man muss sich in einer Fernbeziehung auf den anderen verlassen können, sonst zerreist das innere Band der Liebe und jeder fühlt sich eher wie ein Single.

Weil die Vertrauensbasis so wichtig ist, kommt nicht nur der Verlässlichkeit eine so große Bedeutung zu. Man muss auch viel mehr reden, sich emotional mitteilen, damit keine Missverständnisse entstehen. In den üblichen Partnerschaften ist dies viel einfacher: Man nimmt sich abends in den Arm, spürt den anderen und ahnt, was er meint. Doch diese Verständigung muss in einer Fernbeziehung durch Worte erreicht werden. Man muss viel erklären, viel von sich erzählen, damit immer wieder eine Basis der Nähe entsteht. Das Geheimrezept guter Fernbeziehungen lautet daher: Man muss reden, reden, reden … und man muss immer wieder Inseln der Nähe schaffen, in denen man länger zusammen ist, miteinander verreist. Man muss gemeinsame Lebensthemen haben: Man liest die gleichen Bücher, hat ähnliche Interessen und Hobbys. Und man muss die Perspektive haben, dass man irgendwann doch zusammenzieht oder zumindest in einer Stadt zusammenwohnt.

Zwei Jahre und dann …

Nach meinen Umfragen halten die meisten Menschen den Zustand einer Fernbeziehung nur zwei Jahre aus. Dann müssen sie zumindest eine deutliche Perspektive eines Zusammenziehens gewinnen. Wenn dies nicht der Fall ist, scheitern viele Beziehungen, da einer der Partner zunehmend unzufrieden wird. Nur relativ wenige Partnerschaften lassen sich dauerhaft als Fernbeziehung etablieren. Dabei spielt auch eine Rolle, dass sich fast immer ein Lebensschwerpunkt herausbildet. Einer ist dann immer zu Besuch, und dies bedeutet, dass er sich an seinem Wohnort nicht recht verwurzeln kann, weil er ständig unterwegs ist. Doch zugleich ist er nur Gast, wenn er sie besucht.

Nun träumen viele Fernbeziehungen davon, endlich einmal richtig zusammenzuleben. Und wenn es dann soweit ist, fangen meist die Schwierigkeiten erst so richtig an. Erst dann merkt man in der Ruhe des Alltags, welchen Charakter der andere hat, welche Unstimmigkeiten es gibt. Und plötzlich fühlt man sich durch die massive tägliche Nähe bedrängt, während man früher ständig von Sehnsucht erfüllt war. Denn wenn man zusammenzieht, kippt das Verhältnis von Eigenständigkeit und Alltag.

In einer Fernbeziehung ist man daran gewöhnt, ein sehr eigenständiges Leben zu führen. Gewissermaßen muss man innerlich sehr bei sich bleiben. Es ist verhängnisvoll, wenn man ständig immer nur auf das Treffen mit dem Partner hinlebt, so dass die anderen Tage als leer und nutzlos empfunden werden. Dies führt immer zu einer großen Erwartungshaltung, die zwangsläufig enttäuscht wird. Man könnte dies als das Weihnachten-Phänomen bezeichnen, wo es zu einer ähnlichen Erwartungshaltung und zu Enttäuschungen kommt. Die gesamte Spannung, Vorfreude, aber auch Anspruchshaltung führt leicht dazu, dass man sich auch bei Fernbeziehungen am ersten Tag etwas streitet und sich erst kurz vor dem Verabschieden wieder versöhnt. Die gesamte Atmosphäre ist immer wieder hochgradig angespannt, weil es den normalen Alltag nicht gibt. Vielmehr versucht man oft alles nachzuholen und zu tanken, was man in all den Tagen versäumt hat – und überfordert sich damit. Letztlich lebt man in einem Wechselbad der Gefühle. Das empfinden viele als anstrengend, es kann aber auch belebend sein. Auf diese Weise tritt jener Alltag nicht ein, der sich sonst wie Mehltau über eine Beziehung legen kann. Deshalb meinte eine 45-jährige Schriftstellerin: »Sicher ist das immer eine kleine Inszenierung. Unsere Treffen haben immer etwas Besonderes. Und es ist immer Aufregung, nie normal … Aber das liebe ich ja auch. Ich freue mich so auf ihn – noch nach drei Jahren. Wir bereiten uns auf jeden Besuch innerlich vor. Wir nehmen uns viel vor, das sind immer Feiertage. Unsere Gefühle schweben dann unter der Decke, wenn wir zuhause sind, können wir uns wieder erholen.«

Nur in den seltensten Fällen hält die Liebe der Allgegenwart stand.

Balzac, der Ehevertrag

Die vier Belastungssituationen für die Partnerschaft

Eine Liebesbeziehung spielt sich nicht im luftleeren Raum ab. Zwar zieht sich ein Pärchen zu Beginn der Liebe sehr von den Mitmenschen zurück. Es ist sich selbst genug, die Welt und ihre Schwierigkeiten werden ausgeblendet. Doch bereits nach mehreren Wochen meldet sich der Alltag wieder, und in jeder Beziehung gibt es im Laufe der Zeit massive Belastungssituationen. Dann zeigt sich, ob zwei Menschen wirklich teamfähig sind. Ob sie die Partnerschaft auch als gemeinsame Herausforderung oder vor allem als emotionales Erlebnis empfinden. Natürlich ist die Liebe immer auch ein emotionales Abenteuer, bei dem wir manchmal vor Glück die ganze Welt umarmen könnten. Dennoch warnte bereits der französische Schriftsteller Balzac: »Wenn zwei Menschen ihren Bund fürs Leben nur auf Gefühle gründen, haben sie ihre Quellen bald erschöpft, und Gleichgültigkeit, Sattheit und Widerwillen machen sich breit. Wenn die Gefühle erkaltet sind, was dann.«

Wir alle erleben in einer Liebesbeziehung die unterschiedlichsten Belastungsproben. Es ist doch mit dem Leben so, als würden wir mit einem Auto eine Weltreise unternehmen und den Wagen auch den Rüttelstrecken in Afrika, den morastigen Wegen in Südamerika und der Kälte der Antarktis aussetzen. Immer werden wir durchgerüttelt, und es kommt nun auch in der Liebe darauf an, dass wir genügend Durchhaltevermögen und eine stabile Belastungsfähigkeit aufweisen. Denn die ursprünglichen Liebesgefühle können sich sehr schnell abnutzen, wenn massive Belastungssituationen auftreten. Nun wird schon die Anfangszeit der Liebe von manchen als schwierig empfunden. Doch die eigentlichen Belastungsproben stellen sich meist erst im Laufe der Zeit ein. Die Geburt des Kindes, eine schwere Krankheit, die Arbeitslosigkeit oder Berentung sind immer Belastungsproben, die die austarierte Nähe-Distanz-Relation gefährden. Die Sorge um die Gesundheit des Partners, schlaflose Nächte, Durchfall und schreiende Kinder oder finanzielle Probleme überschatten sehr leicht das Liebesglück. Dann braucht man mitunter Nerven wie Drahtseile. Wir müssen diese Herausforderungen annehmen, dürfen uns selbst dabei aber nicht verlieren. Kurz gesagt: Es kommt darauf an, dass die Nähe-Distanz-Regulation intakt bleibt. Wir müssen – gemeinsam mit dem Partner – mit den Schwierigkeiten des Lebens ringen. Aber irgendwo muss doch immer ein seelischer Raum für uns selbst bleiben.

Vom Haushalt hängt vieles ab …

Die eigentliche Belastungsprobe für alle Partnerschaften liegt im alltäglichen Bereich. Die ungleiche Arbeitsbelastung im Haushalt ist für Frauen der größte Streitfaktor. Wer macht den Dreck weg? – Das ist eine der Hauptfragen des Eheglücks. Eine Zahnärztin bestätigte mir dies und meinte, es seien vor allem die täglichen Eigenschaften, die störend sind: »Ich brauche nicht täglich Blumen, auch nicht ständig Komplimente, mein Partner darf auch einen kleinen Bauch haben … aber was mich stört ist, wenn er in der Küche überhaupt nicht hilft. Was mich stört ist die Tatsache, dass er eine völlig andere Vorstellung von Ordnung und Sauberkeit hat. Ich bin ja nicht pingelig … aber er lässt das Geschirr eine Woche rum stehen und wäscht dann ab. Ich kann mich unendlich darüber aufregen, da ändert sich nichts.« Trotz aller Proteste der Frauen hat sich in den letzten 20 Jahren wenig geändert, noch immer meistern fast 60 Prozent der Frauen den Haushalt allein. Und so haben vor allem vollerwerbstätige Frauen eine erheblich größere Wochenarbeitszeit als Männer. Sie arbeiten durchschnittlich 1 1/2 Stunden länger als Männer, bei einer Teilzeitbeschäftigung immerhin noch eine 3/4 Stunde.

Männer sind es von Kindheit an gewohnt, dass Frauen den Haushalt übernehmen. Schon bei den 15- bis 20-jährigen Jugendlichen ist diese Rollenteilung bemerkbar. Töchter helfen doppelt so viel im Haushalt wie Söhne. So verwundert es nicht, dass die meisten Frauen zwischen 21 bis 40 Stunden im Haushalt zubringen, aber nur 12 Prozent der Männer. Dies mag man noch verstehen, wenn die Frauen nicht arbeiten gehen. Doch auch wenn die berufliche Belastung von Männern und Frauen gleich ist, übernehmen die meisten Männer nicht den gleichen Anteil im Haushalt. Es ist klar, dass es hier zu einem erheblichen Reibungspotential kommt. Demzufolge zeigen Untersuchungen, dass die Beziehungszufriedenheit mit dem Engagement der Männer im Haushalt zusammenhängt. Vor allem Frauen, die den Löwenanteil im Haushalt verrichten, ärgern sich besonders viel in der Partnerschaft.

Zwar schaffen es 58 Prozent der Frauen, zumindest gelegentlich Wischlappen und Kochlöffel an ihren Ehemann oder Lebensgefährten abzugeben.[17] Doch sie bleiben weiterhin für diesen Bereich zuständig und dürfen froh sein, wenn ihnen die Männer gelegentlich helfen. In einer Untersuchung gaben zwar 53 Prozent aller deutschen Männer an, sie würden sich die Haushaltsarbeit teilen. Doch dies betrifft nicht alle Bereiche. Männer kochen gern und gehen auch einkaufen. Aber die Drecksarbeit überlassen sie ihren Frauen.

Dabei zeigen Untersuchungen, dass Männer für Frauen attraktiver werden, wenn sie sich aktiver an der Hausarbeit beteiligen. Es gibt sogar einen Zusammenhang zwischen der Beteiligung der Männer an der Hausarbeit und dem Sex. Die Beziehungszufriedenheit beider Partner steigt dann offensichtlich. Nach einer Studie der Oxford Universität ist daher die Wahrscheinlichkeit, dass sich zwei Menschen das Ja-Wort geben, zusammenziehen und Kinder bekommen in den Ländern am größten, in denen Gleichberechtigung im Haushalt als selbstverständlich gilt. Dies ist vor allem in Norwegen und Schweden der Fall. Deutschland rangiert hierbei weit hinten.[18]

Andere Untersuchungen haben allerdings ergeben, dass die Zufriedenheit von Frauen nicht von einer gerechten Verteilung der Haushaltsarbeiten abhängt, sondern vom Vergleich mit nahe stehenden Personen. Wenn der eigene Ehemann mehr hilft als der Ehemann der Freundin, ist sie zufrieden. Und auch die Männer vergleichen sich mit ihren Vorbildern. Da ihre Väter vermutlich nicht im Haushalt geholfen haben, schneiden sie im Vergleich meist relativ gut ab. Außerdem kommt es Frauen vor allem auf die Wertschätzung an. Der Mann sollte zumindest wahrnehmen, dass die Fenster geputzt sind und die Küche aufgeräumt ist. Allerdings sollten sich Männer darauf nicht ausruhen. Für eine stabile Nähe in der Partnerschaft wäre es wichtig, dass die Hausarbeit gerecht ausgehandelt wird. Dazu müssten die Männer eigenständige Bereiche übernehmen, für die sie sich selbst verantwortlich fühlen.[19] Davon würden auch die Männer profitieren. Ein guter Freund meinte daher einmal: »Wenn Männer mehr Nähe wünschen, müssten sie in der Küche anfangen.«

Liebesglück trotz Kindersegen

Neben der Haushaltsarbeit sind Kinder der größte Belastungsfaktor für das Liebesglück. Zwar sind Kinder in den meisten Ehen ein zentraler Teil des Familienlebens und tragen dazu bei, dass man zusammenbleibt. So meinte schon Martin Luther: »Kinder sind das lieblichste Pfand der Ehe, sie binden und erhalten das Band der Liebe.« Doch Kinder können auch eine massive Belastung darstellen und zum Rückzug beider Partner führen. Das beginnt bereits mit dem Kinderwunsch:

26 Prozent aller Männer, aber nur 15 Prozent aller Frauen wollen keine Kinder. Zudem ist der Kinderwunsch bei Männern meist von der konkreten Lebenssituation (wie ist die Partnerschaft, die finanzielle Situation) abhängig, während Frauen oft unabhängig davon einen Kinderwunsch verspüren. Männern im Alter von 18 bis 39 Jahren sind – so eine Befragung des BAT-Freizeitforschungsinstituts – Freizeit und Reisen häufig wichtiger als Heirat und Familiengründung. Oft sind sie dann durchaus noch zum ersten Kind bereit, sind aber beim zweiten wesentlich zögerlicher als Frauen. Sie fühlen sich häufig angesichts der engen Mutter-Kind-Koalition zurückgesetzt und sind eifersüchtig. Sie vermissen den liebevollen Kontakt zur Partnerin und die Sexualität, die oft zum Erliegen kommt.

Kindergeschrei kontra Liebesleben

Werdenden Eltern muss klar sein, dass sie für längere Zeit auf das Ausleben vieler eigener Bedürfnisse verzichten müssen. Nur Eltern mit einer hohen Sozialkompetenz (»Es war uns immer ein Bedürfnis, uns um unser Kind zu kümmern.«) empfinden diese Zeit auch als Gewinn. Dennoch gibt es fast immer eine lange Zeit, in der die Ehezufriedenheit nach der Geburt eines Kindes sinkt. Erst nach fünf Jahren steigt die Zufriedenheit in der Ehe wieder an. Und der Härtetest ist natürlich die Zeit nach der Geburt. Viele Mütter sind bereits nach wenigen Monaten durch den 24-Stundenjob ›Kind‹ ausgelaugt. Durch Kindergeschrei und Krankheiten des Kindes entsteht manchmal eine ständige Stressatmosphäre. Durchwachte Nächte, die Sorgen um das Kind, wenn es krank ist, und die ständige Lärmquelle fordern ihren Tribut. Bisweilen geht die Mutter buchstäblich auf dem ›Zahnfleisch‹ und hat keine seelischen Kräfte mehr für anregende Gespräche oder gar die Erotik. Sie hat nur den Wunsch, dass sich der Mann um den Haushalt kümmert, ihr das kleine Kind gelegentlich abnimmt und möchte auch mal einen Abend für sich allein haben.

Die Eltern als Vorbild?

Und nun bemängeln die meisten Mütter, dass sich ihre Männer zu wenig um die Kinder kümmern, während diese ihre Unterstützungsleistung als eher gut einschätzen. Denn noch immer bleibt die Kindererziehung hauptsächlich Aufgabe der Frauen, nur 5 Prozent der Väter nehmen Erziehungsurlaub. Sobald Kinder da sind, fallen sowohl Väter als auch Mütter in jene Rollenmuster zurück, die ihnen von ihren Eltern vermittelt wurden. Zwar sind die Väter durchaus bereit, sich an der Erziehung zu beteiligen, die Ehefrau zu unterstützen. Aber sie erwarten meist, dass sich die Frauen um die Kinder kümmern und ihre Karriere eher als eine Art Hobby betrachten. Und sie unterschätzen zugleich die schwierige Aufgabe der Kinderbetreuung. Sie unterschätzen, was es bedeutet, den ganzen Tag für ein Kind da zu sein. Erst wenn sie sich selbst tagelang um den Nachwuchs kümmern, wissen sie, wie anstrengend dies sein kann. Denn man kann kaum einige Minuten wirklich etwas ungestört machen, dann fängt das Zweijährige an zu quengeln. Zwar entfernt es sich gelegentlich, beschäftigt sich allein, aber dann schaut es doch, ob die Mutter noch auf es achtet, ob sie noch in der Nähe ist. Immer geht es um eine enge Bindung, und der Nachwuchs registriert, ob das sicherheitsspendende Band noch erhalten ist. Verlässt die Mutter den Raum oder telefoniert, wird Alarm ausgelöst. Den Männern muss daher klar sein, wie belastend die Kindererziehung manchmal ist. Sie müssen nicht nur die Kinder betreuen, sondern den Müttern auch Freiräume ermöglichen, damit diese sich um sich selbst kümmern können. Erschöpfte und frustrierte Frauen sind nie gute Liebhaberinnen.

Streit über Erziehungsfragen

Den überforderten Müttern fehlen Freiräume und auch Anregungen außerhalb der Familie. So kommt es zunehmend zu Streitigkeiten, weil die Bedürfnisse beider Ehepartner unerfüllt bleiben. Meist spricht man dann nicht offen über Enttäuschungen und Kränkungen, vielmehr entladen sich die Konflikte in Streitigkeiten über Erziehungsfragen. Häufig ist die Mutter gewährender, während der Vater für eine gewisse Entschiedenheit plädiert. So sind dann beide unterschiedlicher Meinung darüber, ob der Sprössling lange aufbleiben darf, ob er im langen Flur der Wohnung mit dem Roller fahren oder Fußball spielen, auf dem teuren Sofa rumhopsen darf. Der Vater ist im Allgemeinen eher etwas strenger, die Mutter eher tolerant. Es ist wichtig, dass die Eltern nach außen als ein Team auftreten, hier zu einer gemeinsamen Meinung finden. Entscheidend ist, dass Streitigkeiten nicht vor dem Kind stattfinden. Zu leicht besteht dann die Gefahr, dass die Mutter mit dem Kind eine Nähe-Allianz bildet und sich der Vater irgendwann ohnmächtig fühlt. Meist hat die Mutter einen engeren Kontakt zum Kind. Der Ehemann erlebt mit Befremden die enge Beziehung, auch das Schmusen, die Zärtlichkeiten, die er vermisst. Und häufig wird er eifersüchtig, was er allerdings nicht direkt ausdrückt. Welcher Mann hat schon gelernt, über seine Eifersuchtsgefühle zu reden? Er wird eher sagen: »Du verzärtelst den Sohn, das ist ja eine Affenliebe.« Auf diese Weise bringt er die Mutter gegen sich auf, Nähe entsteht so natürlich nicht. Vielmehr werden sich die Nähewünsche der Ehefrau immer stärker auf den Nachwuchs beziehen, der so vertrauensvoll und warmherzig Beziehung herstellt. Zunehmend besteht dann die Gefahr, dass sich die gesamte Aufmerksamkeit, aber auch das Bedürfnis nach körperlicher Nähe auf die Kinder richtet.

Nun ist es für die Kinder geradezu lebenswichtig, dass wir sie beachten, auch mit ihnen kuscheln, sie in den Arm nehmen.

Aber problematisch wird es, wenn man mit den Kindern Zärtlichkeiten austauscht, weil die Erotik in der Ehe erloschen ist.

Nähe und Kinder

Es besteht immer die Gefahr, dass das Familienleben zu sehr von Kindern bestimmt wird. Dann gibt es keine Nähe zwischen den Ehepartnern mehr. Das wird besonders deutlich am Essenstisch. Oft können beide Partner keinen ruhigen Satz miteinander austauschen, weil sofort Kindergeschrei zu hören ist. Der Nachwuchs unterbricht uns mitten im Satz, alles ist auf die Kinder bezogen. Man kann auch kaum ungestört zusammen fernsehen oder tagsüber kuscheln. Deshalb ist es wichtig, dass die Eltern einmal auch aus der ›Elternrolle‹ aussteigen und sich als Liebespaar erleben können. Sonst sind sie nur noch ein Team, sie agieren wie Jugendherbergseltern. Eltern müssen daher sehr darauf achten, sich nicht nur in der Vater- und Mutterrolle zu begegnen. Wenn das Kind älter ist, sollten auch Großeltern, Babysitter und Freunde einspringen, damit die Eltern mindestens 14-tägig einen Abend allein verbringen können. In anderen Kulturen sagt man, man brauche ein ganzes Dorf, um ein Kind zu erziehen. Nur dann können sich gelegentlich beide Eltern um sich selbst kümmern. Und dies kann dazu beitragen, dass die Nähe intakt bleibt und die Erotik wieder lebendig wird. Schläft die Sexualität länger als zwei Jahre vollständig ein, kann sie nur schwer wieder entfacht werden.

Der Streit über die Erziehungsmethoden

Es ist für das Eheleben sicher schwierig, wenn sich die Mutter mehrheitlich um die Kinder kümmert. Oft sind die Kinder regelrecht auf die Mutter fixiert, weil sie von ihr zu Bett gebracht werden. Sie ist der Bezugspunkt bei Krankheiten, Sorgen und Schularbeiten. Sie ist für Turnschuhe und Buntstifte zuständig, so dass sich eine alltägliche Nähe ergibt. Doch dies kann sich gravierend ändern, wenn die Kinder älter werden. Sowohl Mädchen als auch Jungen in der Pubertät fühlen sich dann zum Vater hingezogen. Der Junge empfindet die ›technischen Gespräche‹ mit dem Vater als attraktiv, spielt mit ihm Fußball und sieht in ihm ein Vorbild dafür, wie man ein richtiger Mann wird. Und im Alter von 11–12 Jahren fühlt sich auch das Mädchen sehr oft zum Vater hingezogen, will von ihm bestätigt bekommen, dass es hübsch ist. Im Mädchen erwacht in dieser Zeit die Weiblichkeit. Viele Muster in der Annäherung zum Mann kann das Mädchen vorsichtig beim Vater ausprobieren. Und daraus kann sich eine emotionale Innigkeit ergeben, die sich durchaus in einer mitunter zärtlichen Nähe fortsetzt. Jetzt ist es immer extrem verunsichernd für die Ehefrau, da sich die Nähe-Allianz gravierend ändert. Plötzlich fühlt sie sich ausgeschlossen und dies hat häufig dramatische Folgen. Wird das Kind für den Vater zu einem wichtigen Bündnispartner, sprengt dies auf Dauer die Ehe. Man redet kaum noch miteinander, die Sexualität wird eingestellt, weil die emotionale Nähe nicht mehr existiert. Daraus wird verständlich, dass sich die Ehen oft verbessern, wenn die Kinder das Haus verlassen haben.

Aber ebenso schwierig ist dann natürlich die Ablösung der Kinder. Sie haben fast 20 Jahre lang das Leben in der Partnerschaft bestimmt. Sie haben uns damit nicht nur sehr beschäftigt, uns Kraft und Zeit geraubt. Sie haben uns auch mit ihrer Lebendigkeit beschenkt, sie haben uns bereichert, waren wichtiger Inhalt unserer Partnerschaft. Dieser Inhalt fehlt nun, und verständlicherweise fühlen sich Eltern plötzlich so leer. Sie müssen sich wieder neu orientieren, die Nähe ergibt sich nun wieder aus der unmittelbaren Zweierbeziehung. Dies führt natürlich oft zum Ausbruch nicht bewältigter, verdrängter Konflikte. Diese Konflikte resultieren meist aus der Enttäuschung unserer Grunderwartungen. Wenn wir eine Beziehung eingehen, haben wir alle bestimmte Wünsche. Gehen diese dann nicht in Erfüllung, sind wir meist sehr enttäuscht. Wir ziehen dann Bilanz in der Weise, dass wir unser eigenes Engagement mit dem vergleichen, was wir vom Partner bekommen. Dabei gehen wir nie so vor, dass wir eine kleinliche Abrechnung anstreben. Es wird nicht jede Bemühung aufgelistet. Und man rechnet nicht eins zu eins: Ich habe für dich gekocht / du hast für mich gekocht. Vielmehr wird eine innere Gesamtrechnung aufgestellt. Man fragt sich: Wie sehr hat sich der andere für mich engagiert, war er für mich da, hat er mich geliebt, bekam ich Anerkennung? Und was habe ich für den anderen getan? Wenn diese Bilanz sehr unausgeglichen ist, entsteht in einem Partner immer eine tiefe Unzufriedenheit. Und meist folgt daraus eine Trennung.

Eines wird daran deutlich: Kinder sind keine gute Entscheidung, wenn die Nähe zwischen den Erwachsenen kaum noch vorhanden ist. Kinder sind kein Reparaturinstrument und können nicht jene Nähe bewirken, die sonst fehlt. Kinder sollte man nur bekommen, wenn die Partnerschaft belastungsfähig genug ist. Sonst bricht die Nähe zusammen. Kinder sind kein Beziehungskleister, sondern ein Trennungsgrund. Doch kann man dies immer vorher beurteilen?

Krankheit und Nähe

Kennen Sie auch die Angst vor einer schweren Erkrankung? Haben Sie einen Partner, der Ihnen dann beistehen könnte? Beruhigend ist die Tatsache, dass sich sieben von zehn Deutschen in schweren Krisen auf ihren Partner verlassen können – so eine Umfrage des ›Stern‹. Man hält mehr zusammen, lernt sich tiefgehender kennen, und so erleben 68 Prozent die eigene Beziehung als Kraftquelle. Doch für 32 Prozent galt das offenbar nicht. Hier zog sich der Partner zurück, war überfordert, konnte die Belastung nicht mittragen. Und für 19 Prozent ist eine schwerwiegende körperliche Erkrankung des Ehepartners ein Tiefpunkt der Beziehung.

Schwere Erkrankungen sind oft eine Belastung für die Partnerschaft, aber auch eine Chance. Offenbar zeigt sich die Nähe, die eigentliche Verbundenheit, das Zusammenstehen erst in einer solchen Krise. In einem modernen Gedicht las ich kürzlich: Ich schwöre dir, im Regen und im Sturm, an deiner Seite zu stehen, und bei Flut werde ich dich vor dem Ertrinken retten. In vielen Partnerschaften sind dies nicht nur hohle Worte, sondern verlässliche Wahrheiten. Ich habe einen sehr kranken Mann in Therapie, der seinen Lebensmut nicht verliert, weil ihn seine Frau stützt, ablenkt und ermutigt. Sie ist tagsüber für ihn da und nachts liegt sie neben ihm, was ihn enorm beruhigt. Er wäre wahrscheinlich vor Angst buchstäblich längst gestorben, wenn sie nicht so tapfer zu ihm halten würde. Er weiß, dass sie auch in den dunklen Stunden des Lebens bei ihm ist. Er spürt, dass sie ihn nie verlassen wird, dass auf sie absolut Verlass ist. Das ist ja auch der eigentliche Sinn des Nähe-Versprechens. Man will in guten und in schlechten Zeiten zusammenhalten. Doch nicht alle Menschen sind dazu bereit. Ich habe immer wieder Patientinnen begleiten müssen, die von ihrem Partner verlassen wurden, als ihre Krankheit ausbrach. Eine meiner Patientinnen bekam Multiple Sklerose und wusste, dass sie irgendwann im Rollstuhl sitzen würde. Erschüttert berichtete mir diese 34-jährige Frau: »Ich war damals schwanger und bekam diese Diagnose. Und ich wusste, dass mein Mann nicht zu mir halten würde. Ich war immer für ihn da. Ich habe seine Ausbildung mit finanziert, aber wenn ich ihn brauchte, war er verstimmt. Das war irgendwie in unserem Partnerschaftsvertrag nicht vorgesehen. Ich war wie eine Mutter für ihn, wie ein Versorgungshotel – er nahm mich in Anspruch, aber ich selbst durfte keine Ansprüche haben. Das hat mich doch sehr verletzt.« Eine amerikanische Studie hat dies bestätigt: Kranke Frauen müssen mit einer Scheidungsquote von 21 Prozent rechnen. Bei kranken Männern liegt die Scheidungsquote bei 3 Prozent. Frauen begeben sich leichter in die Rolle der Pflegenden, die auf eigene Ansprüche verzichten. Außerdem hat diese Studie gezeigt, dass eher die kürzeren Beziehungen zerbrechen, die längeren dagegen bestehen bleiben.[20]

Bevor wir allerdings über schwere Erkrankungen nachdenken, will ich Sie jedoch auf das Thema Krankheit und Nähe einstimmen. Wir müssen zunächst beachten, dass bereits leichte Krankheiten den Nähe-Prozess verändern. Das ist schon bei jenen Erkrankungen deutlich, die uns einen gewissen Schonraum ermöglichen. Kopfschmerzen, Migräne, aber auch manche Erkältungen haben oft den tieferen Sinn, dass wir uns zurückziehen können. Es entsteht eine ›Auszeit‹ vom Leben, die Ansprüche des Partners gehen zurück, wir leben in einem Schonraum. Eine 43-jährige Physiotherapeutin meinte zu mir: »Immer war mir alles zu viel. Mein Mann war nett, aber dann auch wieder cholerisch, mal gab es Erotik, dann wieder längere Zeit nicht, mich hat das alles sehr angestrengt. Aber wenn ich einen Infekt hatte, ließ er mich in Ruhe …«

Vor allem Männer haben die Erwartung, dass sich ihre Partnerinnen im Krankheitsfall um sie kümmern. Sie haben schon als Kinder erlebt, dass die Mutter dann für sie da war. Und so ist manchmal eine Erkrankung auch eine Möglichkeit, um mehr Nähe in der Partnerschaft zu bekommen. Oft habe ich den Eindruck, dass vor allem Männer bereits leichte Erkrankungen als Zuwendungsquelle ansehen. Sie sind es gewöhnt, dass man sie pflegt. Das ist die Fortsetzung der Mutterwelt, die sie zumindest in Zeiten der Krankheit als beglückend erlebt haben. Und so ist es auch zu verstehen, wenn der preußische König Friedrich Wilhelm über seine außerordentlich liebe Frau Luise schreibt: »War ich krank, so war sie meine Pflegerin – und was für eine teilnehmende Pflegerin, wenn sie mich für bedeutend krank hielt! In diesem Fall verließ sie fast nie mein Bett und suchte mich durch ihre wahre, nie lästig werdende, ich möchte sagen himmlische Zärtlichkeit und Teilnahme zu beruhigen und meinen Schmerz zu erleichtern und erträglicher zu machen.« Und so kommt er zu dem Schluss, dass er manchmal gern krank würde, um sich von ihr pflegen zu lassen.[21] Ist dieser König nicht zu beneiden? Die sehr liebreizende Luise pflegte ihren Mann aufopferungsvoll, achtete aber zu wenig auf ihre eigenen Kräfte und starb bereits im Alter von 34 Jahren. Und noch heute sind es doch viel eher die Frauen, die ihre Männer pflegen. Meist begleiten sie ihre Männer bis zur letzten Stunde. Und bleiben dann allein. Denn Frauen leben im Durchschnitt fünf Jahre länger als Männer, so dass die typische Partnerschaft im Alter so aussieht: Sie pflegt ihren vier Jahre älteren Mann und muss sich dann in den letzten neun Lebensjahren auf ihren Freundeskreis oder die Kinder verlassen, wenn sie nicht in ein Seniorenheim geht. Wie schwierig das ist, habe ich jetzt wieder bei einer 80-jährigen Patientin erlebt. Sie war über 50 Jahre verheiratet, als ihr Mann starb. Aufopferungsvoll hatte sie ihn gepflegt und fühlt sich nun sehr einsam. Doch die Nähe zu ihm ist noch immer vorhanden, und die alte Dame sagte zu mir: »Er begleitet mein Leben, und ich frage mich, was er jetzt über mich denkt. Es fällt mir so schwer, jetzt ohne ihn zu sein.«

Die Krankheit als Herausforderung

Die schwerste Krise ist für uns natürlich der Tod des Partners. Aber auch jede schwere Erkrankung ist immer eine Herausforderung für eine Beziehung. Dies ist vor allem dann der Fall, wenn der bisher ›starke‹ Partner plötzlich unsere Hilfe benötigt und sich die gesamte Partnerschaftsbalance verändert. Dies kann eine Partnerschaft völlig überfordern. In dramatischer Weise erlebte ich dies kürzlich bei einem 42-jährigen Patienten. Er war immer ein ›Macher‹ und verwöhnte gern seine Frau, der er vieles abnahm. Er war ein Helfertyp, sie ließ sich gern verwöhnen. Solange er stark war gab es eine ständige Nähe zwischen beiden. Doch als er plötzlich nach einem schweren Autounfall seine Helferrolle nicht mehr wahrnehmen konnte, rückte sie von ihm ab. Sie konnte mit dem schwachen Mann, der nach dem Unfall zeitweilig sehr ängstlich war, nichts mehr anfangen. Schließlich kam es zur Trennung, für die sie sich später entschuldigte.

Wie sehr eine Krebserkrankung eine Partnerschaft verändern kann, hat auch der bekannte Paartherapeut Hans Jellouschek beschrieben. Er lebte 21 Jahre lang mit seiner Frau zusammen und war davon 16 Jahre lang mit ihrer Krebserkrankung konfrontiert. Kurz nach ihrem Tod schrieb er: »Der Krebs hat unser Leben in vielem schwierig gemacht und uns oft bittere Verzichte abverlangt. Aber genauso gilt: Der Krebs hat uns herausgefordert zu einer Auseinandersetzung mit dem Leben, die uns bereichert und uns in eine Tiefe der Liebe geführt hat, die wir vielleicht sonst nicht erreicht hätten.« Doch auch Jellouschek hatte mitunter Fluchtgedanken, weil er sich von dieser Krankheit überfordert fühlte. Er empfand die Krankheit wie einen Dritten, der sich in die Beziehung einmischt. Und so etwas sei immer auch ein Test für die Qualität der Beziehung.[22]

Am Beginn einer solchen Erkrankung ist es wichtig, dass sich das Paar darüber bewusst wird, dass eine längerfristige Krankheit eine Aufgabe für beide ist. Beide müssen sich nun verändern und auf ihre Weise mit der Krankheit umgehen. Nun gibt es zwei Möglichkeiten die Krankheit in die Partnerschaft zu integrieren.

1. Man kann sie als gemeinsame Aufgabe betrachten

Dann interessiert sich der Partner sehr für die Erkrankung, ist nicht nur fürsorglich, sondern sehr aufmerksam. Er sammelt Informationen, macht Vorschläge, geht mit zum Arzt und in die Klinik. Dies setzt natürlich voraus, dass man vor dieser Erkrankung nicht zu viel Angst hat. So wird der Partner zum verlässlichen Lebensbegleiter, der auch die Krankheit nicht ausblendet. Dies ist ein wirklicher Liebesdienst, denn der Kranke ist oft von den Arztbesuchen und Diagnosen völlig überfordert, weiß nicht mehr, wie er sich entscheiden soll. Wöchentlich, manchmal täglich schwankt seine Einschätzung der Krankheit, und es ist extrem wichtig, dass er nun einen Gesprächspartner hat, der ihm Anteil nehmend zuhört, aber auch in einer sachlichen Weise beruhigt. Das erzeugt eine Nähe, die für den Kranken stabilisierend und beglückend ist. Wir wissen, dass dadurch nicht nur die Lebensstimmung steigt. Auch das Immunsystem der Kranken verbessert sich so massiv, dass mitunter schwere Erkrankungen überwunden werden können oder ein leichterer Krankheitsverlauf entsteht, der nicht für möglich gehalten wurde. Offenbar ist gerade bei schweren Erkrankungen die Nähe des Partners lebenswichtig. Sigmund Freud war der Überzeugung, die Liebe sei die eigentliche Antwort auf den Tod. Und manchmal ist die Liebe tatsächlich lebensverlängernd.

2. Die Normalität wird aufrechterhalten

Nicht immer ist ein Partner bereit und in der Lage, sich innerlich auf eine Erkrankung einzulassen. Denn dazu muss man auch die eigenen Ängste aushalten, die mit dieser Erkrankung verbunden sind. Das ist nicht leicht, denn es gibt viele sehr dramatische Krankheiten, die uns zeigen, wie ohnmächtig wir gelegentlich sind, wie tragisch das Leben verlaufen kann. Es erfordert viel Mut und innere Stabilität, um dann tiefere Gespräche mit einem Schwerkranken zu führen. Wenn Krebskranke ihre Symptome schildern und von ihren panischen Ängsten berichten, kann sich der Partner verständlicherweise schnell davon überfordert fühlen. Oft wehrt er diese Ängste ab, will von der Angst zu sterben nichts hören (»Du lebst noch lange.«), ist aber durchaus bereit, die bisherigen Rahmenbedingungen des Lebens aufrechtzuerhalten. Sie kümmert sich dann weiterhin um die Kinder, auch um die Finanzen, sie bringt ihn ins Krankenhaus, besucht ihn, lädt Freunde ein. Dass dieser äußere Rahmen erhalten bleibt, dass der Partner unerschütterlich seine Aufgaben bewältigt, ist für einen Schwerkranken eine lebenswichtige Erfahrung. So berichtete mir ein 54-jähriger Lehrer: »Sie hat immer geschaut, dass der ganze Familienladen läuft. Ich fiel aus, und dann wurde erst deutlich, wie wichtig das alles war. Sie machte den Haushalt, lud Freunde ein, kümmerte sich um die Eltern. Ich war in dieser Zeit schwer krank, konnte kaum mithelfen, aber die Welt ging nicht unter. Das verdanke ich meiner Frau. Und das hat sehr dazu beigetragen, dass ich wieder gesund wurde.«

Allerdings ist es für den pflegenden Partner nie leicht, auf Dauer eine aktive, stützende Rolle zu übernehmen. Vorher war Nähe oft mit schönen Momenten und mit Entspannung verbunden. Oft hat der Partner auch Nähe durch Verwöhnung hergestellt. »Er kochte für mich, kaufte ein … und ich konnte mich entspannen und mich ihm hingeben. Dann fühlte ich mich ihm nah«, so eine 50-jährige Ärztin, die mir im weiteren Gespräch sagte: »Nachdem mein Mann krank wurde, gab es diese Entspannung nicht mehr. Er wurde ängstlich, kreiste eigentlich immer um sich. Nähe bedeutete, dass ich auf seine Erkrankung einging, die lange im Mittelpunkt unserer Ehe stand. Ich fühlte mich sehr überfordert.« Schwere, chronische Erkrankungen sind immer eine Belastung für die Partnerschaft. Nach anfänglicher Sorge treten nach einer gewissen Zeit fast immer Schuldgefühle auf, der/die Betreuende fühlt sich überfordert und grenzt sich ab, um das eigene Leben weiterführen zu können. Oft kommt es bei der Partnerin nach Monaten und Jahren zu einem Zustand der Erschöpfung, und es ist extrem wichtig, dass dann auch Freunde in die Pflege und Unterstützung einbezogen werden.

Und bei schweren Erkrankungen ist eine professionelle Hilfe erforderlich. Die Pflegende muss eigene Freiräume haben, muss notfalls sogar verreisen und auf einen eigenen Freundeskreis achten. Sonst brennt er bzw. sie aus und erlebt die Nähe nur noch als belastende Pflicht. Eine Burnout-Problematik ist oft die Folge. Wir wissen, dass bei der Pflege von Schwerkranken fast 90 Prozent der Frauen unter körperlichen Symptomen und über 50 Prozent unter einer schweren Depression leiden. Das zermürbt auf Dauer jede Partnerschaft.

Gerade bei älteren Paaren entsteht die Frage, ob man den Partner selbst betreut. Tatsächlich werden $^{2}/_{3}$ aller Pflegebedürftigen zuhause gepflegt. Hierbei sind Pflegezeiten von 10 bis 15 Jahren keine Seltenheit. Im Allgemeinen kümmern sich Frauen um die Pflege ihrer Männer und sind am Ende körperlich und seelisch völlig erschöpft. Sieben von zehn Männern werden von ihren Frauen versorgt, während Frauen nur von einem Drittel der Partner gepflegt werden. Frauen sind noch immer selbstlos und leiden häufig sowohl unter den hohen Ansprüchen des Ehemannes als auch unter Schuldgefühlen. Sie haben große Schwierigkeiten, das eigene Leben aufrechtzuerhalten. Und so erleben 90 Prozent der Pflegenden massive Einschränkungen ihrer persönlichen Zeit. Oft trauen sie sich nicht wegzugehen, den Partner allein zu lassen, wenn dieser heftige Vorwürfe macht: »Du gehst weg, an mich denkst du nicht.« Oft ist also die Nähe mit ungerechten Vorwürfen und Selbstanklagen (»Ich bin ja zu nichts mehr nutze.«), aber auch mit einer fast mechanischen Pflegehaltung geprägt. Es erfordert eben auch eine vernünftige Einstellung des Kranken, damit der Pflegende die Nähe als halbwegs beglückend erleben kann. Meine Großmutter hatte diesbezüglich eine sehr einleuchtende Überzeugung. Sie meinte, man dürfe krank sein, dann sei man auf die anderen angewiesen, aber man dürfe ihnen das Leben nicht schwermachen. Und so war meine Großmutter selbst am Ende ihres Lebens ›pflegeleicht‹.

Nun kann der Partner körperliche Krankheiten gelegentlich vergessen, doch seelische Probleme sind allgegenwärtig. Meist kann man mit einem kranken Partner reden, doch wenn sich ein depressiver Partner zurückzieht, ist dies immer ein Abbruch der Nähe. Das ist nicht so selten: Ein Viertel aller Deutschen leidet im Laufe des Lebens nach Untersuchungen der WHO unter psychischen Störungen. Solche Störungen zeichnen sich meist dadurch aus, dass der Kontakt zur Umwelt stark beeinträchtigt ist. Beispielsweise kann ein Angstneurotiker oft das Haus nicht mehr verlassen, die Partnerschaft entwickelt sich dann sehr leicht zur Symbiose. Deshalb gilt: Psychische Erkrankungen beeinträchtigen fast immer das Nähe/Distanz-Verhältnis und erhöhen die Wahrscheinlichkeit der Trennung.

Die Berentung des Partners

Die massiven Belastungsproben haben eines gemeinsam: Man kann ihnen nicht ausweichen. Und dies gilt vor allem für die Berentung des Partners oder die Arbeitslosigkeit. Plötzlich ist der Partner, der bisher berufstätig war, immer zuhause. Das beeinträchtigt natürlich seine Lebensstimmung. Einen großen Teil seines Selbstbewusstseins hat er aus der Arbeit gezogen, nun ist er unruhig, weiß sich nicht mehr zu beschäftigen. Das fällt den Männern meist noch schwerer als den Frauen. Der Lebensbereich der Frauen ist vielfältiger und eher sozial ausgerichtet. Sie haben sich um die Kinder, die Eltern gekümmert, haben Kontakt zu den Nachbarn, telefonieren jede Woche mit ihren Freundinnen. Und diese Lebensinhalte bleiben natürlich auch bestehen, wenn sie keiner bezahlten Arbeit mehr nachgehen. Doch Männer haben sich meist über die Arbeit definiert, haben kaum Freundschaften und fallen nach einer Berentung oder dem Verlust des Arbeitsplatzes in ein tiefes Loch. Die Journalistin Bettina von Kleist hat diese Problematik in dem Buch »Wenn der Wecker nicht mehr klingelt« überzeugend beschrieben. Sie macht deutlich, dass es für alle Paare eine Herausforderung ist, wenn der andere plötzlich zuhause bleibt. Dies bestätigte mir auch die 62-jährige Lehrerin: »Ich habe mich an sich darauf gefreut, dass mein Mann nicht mehr arbeiten muss. Aber nun hing er zuhause durch, wusste nicht mehr, wie er sich beschäftigen konnte. Und das schlimmste war: Er mischte sich in alles ein. Es ging mir auf die Nerven, dass er mir plötzlich in der Küche helfen wollte. Er mischte sich einfach in meine Bereiche ein. Und immer war er da. Es war so schön früher, dass ich manchmal allein im Haus war. Das habe ich genossen. Und nun hat er ständig auf mich gewartet. Das hat mir die Kehle abgeschnürt. Jedenfalls habe ich ihm gesagt, er solle sich wieder eine Beschäftigung suchen, mich würde das doch alles sehr bedrängen. Jetzt hat er sich bei einem Sportverein angemeldet, was bin ich froh, dass er mal weg ist.«

Nicht bei allen Paaren verläuft natürlich diese Phase so schwierig. Aber immer ist es eine Phase des Umbruchs, für die es keine perfekten Lösungen gibt, nur Bemühungen. Und dabei gibt es durchaus Paare, die das Älterwerden als gemeinsame Wanderung begreifen. Ich hatte ein Paar in Therapie: Beide sind inzwischen berentet, sie verreisen viel, kümmern sich um die Enkelkinder. Und obgleich sie sehr viel Zeit miteinander verbringen, verstehen sie sich gut. Jeder geht zuhause seinen eigenen Interessen nach. Aber es entsteht doch sehr viel soziale Nähe und der 64-jährige Ehemann sagte mir: »Ich hätte nie geglaubt, dass das so schön sein kann. Meine Frau arbeitet in der Küche, ich liege auf dem Sofa und lese. Jeder macht seins und doch sind wir zusammen. Eigentlich verbringen wir jetzt das ganze Leben zusammen. Und das ist schön. Ich bin krank, und es erleichtert mich sehr, dass sie an meiner Seite ist.«

Als er erkannte, dass sie nicht zusammenpassten,
beschloss er, von ihr Abschied zu nehmen.
Aber das zog sich noch eine Weile hin.
Er brauchte dazu ein ganzes Leben.

Anton Kuh

Abschied – der schwierige Weg der Trennung

Sicher haben Sie schon einmal eine Trennung von ihrem Partner/Ihrer Partnerin erlebt. Können Sie sich noch daran erinnern, wann Sie wirklich begonnen hat? Meist ist doch einer Trennung ein monatelanger, fast immer sogar jahrelanger schleichender Prozess voraus gegangen? Bevor der eigentliche Abschied vollzogen wird, beginnt eine innere Trennung, die damit anfängt, dass man fast keine Nähe mehr verspürt. Zwar hat man schon vorher Kritikpunkte angesammelt. Es hat uns gestört, wie er immer wieder wichtige Verabredungen vergessen hat. Wir fühlten uns vernachlässigt, die Sexualität schlief schließlich ein. Man sprach weniger miteinander. Und doch empfindet man sich noch als Partnerschaft. Sie sagen gegenüber Freundinnen: »Mein Mann« und dies entspricht der emotionalen Wirklichkeit.

Wir haben uns auseinander gelebt

Doch dann verreist er allein, und Sie waren sehr erleichtert. Sie spürten deutlich: »Jetzt haben wir uns auseinander gelebt.«. Dies ist nach einer Umfrage von Elite.de mit 37 Prozent der häufigste Trennungsgrund. Und 26 Prozent meinten, sie hätten unterschiedliche Bedürfnisse nach Nähe und Distanz gehabt. Offenbar ist dies viel problematischer als die fehlende Sexualität, die nur von 19 Prozent der Befragten als Trennungsgrund angegeben wurde. Allerdings gab es einen Unterschied. Für jeden vierten Mann war die eingeschlafene Sexualität der Trennungsgrund, während die Frauen die mangelnde Kommunikation als Ursache für das Auseinanderleben ansahen.

Wenn die Beziehung langsam kippt

Offenbar gibt es bei fast allen Trennungen einen schleichenden Prozess und einen Auslöser. So wie Termiten ein Bauwerk unterhöhlen können, kommt es zu einem jahrelangen Entfremdungsprozess. Man lebt sich auseinander, jeder investiert kaum noch in die Beziehung. Und nun wiegen die wechselseitigen Kritikpunkte doppelt schwer, weil es keine positiven Erlebnisse mehr gibt, die ausgleichend wirken könnten. Seine Morgenmuffligkeit hat sie schon immer gestört, und er hat häufig zu viel gearbeitet. Und es war ein Streitpunkt, dass er am Sonntag so viel vor dem Fernseher saß und sich die Sportsendungen anschaute. Aber in den ersten Jahren wurde dies mehr als ausgeglichen, indem wir miteinander ins Kino gingen, schöne Radtouren unternahmen und regelmäßig essen gingen. Doch nach der Geburt des ersten Kindes wurde dies immer weniger, man resignierte, jeder zog sich zurück, und die Ehe wurde zunehmend eine Arbeitsgemeinschaft. Und trotzdem bleibt man beieinander. Es ist nicht nur Gewohnheit, nicht nur Angst vor der Trennung, sondern es ist noch immer sehr viel Nähe vorhanden. Wenn wir diese Nähe optisch durch kleine Fäden verdeutlichen könnten, so würden wir sehen, dass es tausende kleiner Bindungsfäden gibt.

Die tausend kleinen Bindungsfäden

Auch in einer schlechten Beziehung ist sehr viel Nähe im Laufe der Jahre entstanden. Die Beziehung war ja einmal gut, und so haben sich als Bodensatz der Beziehung viele kleine Erinnerungsspuren abgelagert. Sie sind der Kitt der Partnerschaft. Auch wenn es lange her ist, so gab es doch einmal Nähe, vertraute Situationen und meist auch Stunden und Tage des gemeinsamen Glücks. Man hat vieles zusammen erlebt, hat Krankheiten bewältigt, oft auch Kinder gemeinsam großgezogen. Man kennt den anderen gut: Sie weiß, dass er am Sonntag nicht gestört werden will, weil er die Sportschau sehen möchte. Er weiß, dass sie den Tee immer nur mit einem Stückchen Zucker – ohne Milch – trinkt. Und so gibt es – selbst wenn man nicht mehr viel miteinander spricht – im Alltag ein Gefühl vertrauter Nähe. Einmal beobachtete ich im Restaurant ein Pärchen: Sie redeten fast nicht miteinander. Es herrschte eine angespannte Ruhe zwischen ihnen. Doch als sie gingen, half er ihr in den Mantel, sie lächelte, gab ihm die Hand, und alles schien in Ordnung. Solche kleinen Gesten können Ausdruck einer tiefen Zusammengehörigkeit sein. Es ist eine Nähe entstanden, die trotz aller Konflikte in den Grundfesten schwer zu erschüttern ist – falls wirklich ein ausreichendes Fundament für die Nähe entstanden ist. Dennoch kann es nach massiven Konflikten und Kränkungen passieren, dass man sich die Frage stellt: Soll ich mich nicht lieber trennen? Und wenn dieser Trennungsgedanke übermächtig wird, stört natürlich die Erinnerung an schöne Stunden. Wir können kaum den Gedanken ertragen, dass wir uns von einem Menschen trennen, der auch positive Eigenschaften hat, den wir einst geliebt haben. Denn mit einem Mal spüren wir eine Nähe, die uns handlungsunfähig macht. Wenn wir uns trennen wollen, müssen wir diese Nähe beenden. Es ist geradezu so, als ob wir alle inneren Bindungen kappen, die uns bisher mit dem Partner verbanden. Deshalb ist immer ein Phänomen zu beobachten: Wer sich trennen will, färbt die Eigenschaften des Partners und vor allem die Vergangenheit schwarz ein. Man ist nicht mehr abwägend und gerecht in seiner Beurteilung, sondern einseitig, zum Teil vernichtend. Man erinnert sich, dass uns der Partner schon immer nicht so recht gefallen hat, dass wir immer schon Bedenken gegen ihn hatten. Negative Ereignisse steigen in unserem Gedächtnis auf, und zum Schluss ist die gesamte Partnerschaft fast eine Ansammlung von Enttäuschungen.

Ich muss mit dir reden ...

Schließlich haben wir emotional alle Hauptseile der Nähe gekappt, die Beziehung hängt am seidenen Faden. Bisher lief diese innere Trennung – zumindest äußerlich – oft sehr ruhig, aber es gibt immer ein auslösendes Ereignis, und nun wird es dramatisch. Wieder ärgern wir uns über den Partner, der zu spät kommt, und plötzlich wissen wir, dass wir uns trennen müssen. Oder wir sitzen mit ihm am Tisch und ertragen sein Schmatzen beim Essen nicht mehr. Oder ein heftiger Streit veranlasst uns zu der Frage: Warum tue ich mir das an? Oder wir fühlen uns von ihm beleidigt und merken, dass wir nicht mehr einlenken wollen und können. Nicht immer sind uns diese Auslöser bewusst. Manchmal können wir den anderen einfach nicht mehr riechen, fühlen uns unbehaglich in seiner Nähe und bekommen Fluchtgefühle. Auf jeden Fall wissen wir: Nun ist Schluss. Zwar haben wir innerlich zu diesem Zeitpunkt schon die meisten Nähebindungen aufgelöst. Man hat keine Sehnsucht mehr nach ihm, fühlt sich körperlich nicht mehr zu ihm hingezogen, wir erzählen dem anderen nicht mehr, wie es uns geht. Aber der Alltag ist noch geblieben, und auch diesen werden wir jetzt beenden. Wir werden ihm sagen: »Ich muss mit dir reden« und ihm den Trennungsentschluss mitteilen. Oder man legt ihm einfach einen Zettel hin und ist weg ...

Wut: Die Intensivierung der Distanz-Spirale

Dieser Trennungsprozess verläuft natürlich viel dramatischer und schneller, wenn uns der Partner massiv gekränkt hat. Heftige Auseinandersetzungen, Beleidigungen, ein Seitensprung können die Ursache dafür sein, dass man sich sehr schnell zur Trennung entschließt. Oft ist man so sehr von Wut und Hass erfüllt, dass jedes Gefühl für den Partner erloschen ist. Wut und Hass sind jene Affekte, die uns am stärksten vom Partner fortreißen. Alle Bindungsspuren werden wie in einem Feuersturm aufgelöst. Man fühlt sich stark und hat alle Gefühle wieder in sich zurückgezogen, die man früher in die Partnerschaft investierte. Anstelle von Sehnsucht und Nähe spürt man nur noch Kampf. Vielleicht kennen Sie das Gefühl? Gestern dümpelte das Leben noch dahin, und plötzlich hat man unendlich Kraft. Man ist entschlossen, das Leben neu zu beginnen, auszuziehen bzw. den Partner rauszuwerfen. Viele Entscheidungen müssen getroffen werden, das Leben beginnt von vorn. Und in dieser Trennungsphase kann man sich nicht mehr vorstellen, dass man den Partner einmal geliebt hat. Oft ist eher eine negative Bindung entstanden. »Mir wird immer schlecht, wenn ich ihn sehe«, sagte mir eine Patientin. Obgleich dies schon acht Jahre her war, blieben diese Gefühle in ihr lebendig, weil sie die Ereignisse nicht vergessen konnte. Ihr Partner hatte sie mit einer anderen Frau betrogen, sie hatte seine E-Mails im Computer gefunden, nachdem sie das Passwort erraten hatte.

Offenbar hat insbesondere die Wut einen Doppelaspekt: Sie intensiviert unser Leben, ermöglicht uns auch die Trennung, bindet uns aber gleichzeitig an den früheren Partner. Die Wut verstärkt die Nähe-Distanz-Bindung, indem die Abhängigkeit vom Partner (»Du hast mich gekränkt.«), die seelischen Verletzungen, aber auch die eigenen Anteile am Scheitern der Beziehung nicht aufgearbeitet werden. Zur wirklichen Trennung gehört es vor allem, dass man wieder die Nähe zu sich selbst findet, und dies setzt voraus, den eigenen Beitrag am Scheitern zu begreifen. Man ist doch immer daran beteiligt, wenn das gemeinsame Nähe-Projekt zu Grabe getragen wird, das mit emotionalem Herzensschlag und riesigen Erwartungen begann. Das ist immer eine Niederlage für beide. Man hat sich ja auch für diesen Partner entschieden. Und nun muss man auch die Tatsache verkraften, dass diese Liebe keine Zukunft mehr hat, sondern Vergangenheit geworden ist.

Der Partner als Hauptbalken

Sicher sieht eine Trennung leichter aus, wenn man selbst geht. Aber einfach ist dies trotzdem nicht. Zwar wird immer wieder betont, es ginge vielen Frauen nach einer Trennung besser als vorher. Aber dazu muss man eine Trennung erst einmal bewältigt haben. Man muss sich wirklich abgenabelt haben. Und bis dies gelungen ist, tritt im Allgemeinen eine massive Verzweiflung und Unsicherheit im Leben ein. Die Nähe zum anderen ist ja immer ein stabiler Faktor im Leben gewesen. Auch wenn man viele Freundinnen hat – der Partner hat immer eine Sonderstellung im eigenen Leben. Er ist der Hauptbalken im seelischen Haus. Wird er entfernt, steht man vor dem seelischen Zusammenbruch. Natürlich können Freundschaften helfen. Frauen telefonieren in dieser Trennungsphase viel mit der besten Freundin, sie bekommt oft eine partnerschaftsähnliche Funktion. Durch sie bekommt man wieder einen inneren Halt. Männern geht es in der Trennungsphase meist wesentlich schlechter als Frauen. Sie haben oft kein soziales Netzwerk in Form von Freundschaften und engen Familienbindungen und stehen bei einer Trennung wirklich oft vor einem Scherbenhaufen. Trennungen gehören deshalb bei Männern zu den häufigsten Motiven für einen Selbstmord. Oft sind die Frauen für sie der emotionale Lebensmittelpunkt geworden. Deshalb erleben sie eine Trennung wie einen Weltuntergang. Und häufig entsteht daraus auch eine Wut, die bis zu Mordphantasien geht. Während es bei Frauen meist bei Phantasien bleibt, werden diese von Männern auch manchmal in die Tat umgesetzt: In den USA sterben 30 Prozent aller ermordeten Frauen durch die Hand eines verschmähten Partners.

Trennungsphase 1 – der Schock

Eine Trennung ist für beide Partner immer ein Drama. Doch wer sich trennt, ist aktiv, es war sein Entschluss, während der Verlassene diese Trennung verarbeiten muss. Ihm geht es in der ersten Trennungsphase besonders schlecht. Er ist schockiert, wie betäubt, kann es nicht fassen. Auch wenn die Beziehung schwierig war – damit hat er meist nicht gerechnet. Häufig hat der/die Verlassene das Gefühl, an einem Abgrund zu stehen. Oft hätte er gern eine zweite Chance für die Partnerschaft. Und so ist er innerlich immer dabei zu kommunizieren. Eine Lehrerin berichtete mir: »Ich war nie ganz anwesend. Immer sprach ich mit ihm. Und er sprach mit mir. Und ich widerlegte ihm seine Argumente. Ach, ich wusste doch genau, was er sagen würde. Und ich redete, redete … und hatte natürlich Recht. Ich hätte vieles darum gegeben, wenn es noch einmal mit ihm geklappt hätte. Ich wollte reden – aber er schwieg.« Doch auch der Trennende wird in den ersten Wochen ein Phänomen erleben: Er wird sich ständig mit dem Partner beschäftigen, ihm innerlich erklären, warum er sich getrennt hat, was ihn störte, warum er gehen musste.

Innerlich ist der Partner in dieser Phase noch vollständig präsent. Er ist im Laufe der Jahre zu einem ›inneren Objekt‹ geworden – pflegen die Psychoanalytiker zu sagen. Wir haben ihn verinnerlicht. Die Nähe ist trotz aller Trennungsbemühungen noch immer sehr intensiv. Man muss ständig an den anderen denken, wird an ihn erinnert. Man kommt an der Kirche vorbei (in der man geheiratet hat), kommt am Restaurant vorbei (das gemeinsamen Freunden gehört) … Doch vor allem bricht die gewohnte Nähe wieder auf, wenn man sich sieht. Deshalb gilt in dieser ersten Phase ein absolutes Kontaktverbot. Natürlich ist verständlich, dass der Verlassene unter Entzugssymptomen leidet und ›IHN‹/›SIE‹ gern sehen möchte. Doch jedes Treffen, jede Berührung, jedes Gespräch verlängert die Trennungsphase. Nun wird es manchmal nicht möglich sein, dem anderen aus dem Weg zu gehen. Nicht nur bei einer Kollegenbeziehung kann man sich manchmal kaum ausweichen. Auch Eltern müssen – ihren Kindern zuliebe – immer wieder miteinander reden. Und hier sind zwei Grundsätze zu beherzigen:

- Streitigkeiten dürfen nicht auf dem Rücken der Kinder ausgetragen werden. Man darf nicht schlecht über den anderen Elternteil vor den Kindern reden, sie kommen sonst in massive Loyalitätskonflikte. Für Kinder ist es wichtig, dass sie sowohl zum Vater als auch zur Mutter eine gute Beziehung pflegen.
- Betrachten Sie den Kontakt zum anderen Elternteil als gemeinsames Projekt. Hier geht es nicht mehr um Partnerschaft: Es geht um die gemeinsame Zusammenarbeit für die Kinder.

Doch auch wenn Sie diese Hinweise ernst nehmen: Die innere Nähe zum Partner hält in der ersten Phase noch lange an. Am leichtesten wird sie zerstört, wenn ich innerlich meinen Wutgefühlen nachgebe und mich am Partner räche. An die Stelle jener Verzweiflung, die immer nach dem Liebes-Scheitern auftritt, ist man von jener Wut erfüllt, die unsere Seele eher aufbläht. Das bestätigte mir eine 55-jährige Buchhalterin, deren Mann mit einer wesentlich jüngeren Frau ›durchgebrannt‹ war: »Sie können sich nicht vorstellen, wie wütend ich war. Dies Schwein. Und ich sagte mir, dem zahle ich es heim. Für jeden Seitensprung musst du zahlen. Ich wusste genau, wie viel er heimlich verdiente, ich kannte alle Steuertricks. Er war erpressbar, und ich wusste, er würde zahlen. Ich setzte die Daumenschraube an. Er sollte bluten. Manchmal dachte ich zwar, was machst du da? Aber dann war es so, als ob ich Blut geleckt hätte. Ich wurde ein kleines Teufelchen. Ich ging zum Arzt, der mir eine Behinderung bescheinigte, ließ ihn beschatten, hatte dann einige schöne Fotos und beim Scheidungsprozess war ich Klasse: Ich weinte so, dass alle mit mir Mitleid hatten, ich wollte nur eins: Der sollte leiden. Und es gab eine Möglichkeit dies durchzusetzen: sein Geld. Und ich wusste, wenn ich ihn finanziell ruiniere, würde ich auch seine neue Beziehung zum Platzen bringen. Denn was suchen denn die Frauen bei einem Mann mit Bauch und Glatze: sein Geld.«

Solche Rachephantasien sind zwar verständlich. Aber sie sind deshalb problematisch, weil sie uns selbst schaden. Wir sind innerlich noch mit dem Partner verbunden, wenn wir uns ihm gegenüber ›gemein‹ verhalten, bekommt unsere Seele ›schwarze Flecken‹. Wer hasst, macht sich »hässlich« Wir stellen uns innerlich auf Kampf ein, denken in den Kategorien ›Über- und Unterlegenheit‹. Wir handeln wie ein Gangster und wundern uns, dass wir die einfache Fähigkeit zum Lieben dabei verlieren. Denn was bei uns selbst auf der Strecke bleibt, ist das Vertrauen in andere Menschen. Deshalb schadet uns das Ausleben der Rachephantasien. Leider unterstützen viele Rechtsanwälte diese Kampfimpulse, weil sie damit Geld verdienen. Sie nehmen einseitig für ihren Mandanten Stellung und radikalisieren mit ihren Schriftsätzen die Stimmung zwischen den Parteien. Oft ergibt sich daraus eine vergiftete Stimmung, die eine sachliche Trennung sehr erschwert. Das veranlasst heutzutage mitunter Berater, eine Trennung in Liebe zu fordern. Sie sind der Meinung, dass ein Paar auch in dieser Phase ein gemeinsames Ziel hat: die Trennung. Das scheint mir jedoch etwas übertrieben zu sein. Eine Trennung ist immer ein traumatisches Ereignis. Man darf auch gelegentlich Wutgefühle haben, man muss sich darüber im Klaren sein, dass man in Zukunft getrennte Wege geht. Aber es ist wichtig, dass man dem anderen dabei nicht schaden will. Und glücklicherweise sind heute viele der über zweihunderttausend Scheidungspaare bereit, eine gütliche Trennung herbeizuführen. Sie spüren noch eine gewisse Nähe zum Partner und sind zu einer vernünftigen Trennung in der Lage. Wer diesen Weg beabsichtigt, kann sich auch bei einem Scheidungsmediator Unterstützung suchen. Dabei gibt es bei allen Trennungen eine Grundregel: Getrennt ist man erst, wenn man den letzten Gegenstand aus der Wohnung geholt hat, wenn die finanziellen Regelungen getroffen worden sind und die Scheidung ausgesprochen wurde.

Trennungsphase 2 – Unabhängigkeit

Von der wirklichen Trennung ist man in dieser Phase allerdings weit entfernt – noch geht es ums Überleben. Man lebt von Tag zu Tag, ist viel unterwegs, redet unentwegt über die Trennung. Freunde, Kollegen, die eigene Familie spielen in dieser Zeit eine wichtige Rolle. Und dann beruhigt sich die Panik ein wenig, und wir realisieren die Trennung. Der Partner fehlt uns, und noch immer sind wir kaum fähig, einen klaren Gedanken zu fassen. Wir schlafen schlecht, leiden unter einer großen Appetitlosigkeit und innerer Unruhe. Wir realisieren, dass uns der Partner in allen Lebenssituationen fehlt: Am Wochenende sitzen wir manchmal abends wie abgestumpft in der Ecke – früher gingen wir zu dieser Zeit mit dem Partner ins Kino. Früher hat uns der Partner geholfen, wenn das Auto kaputt war, heute müssen wir den Mechaniker an der Tankstelle bemühen. In vielen kleinen Lebenssituationen wird uns die Verflechtung in der bisherigen Beziehung deutlich, und es dauert Monate, bis wir unabhängig vom Partner geworden sind.

Trennungsphase 3 – die Neuorientierung

Langsam geht es uns etwas besser. Wir haben alle Gegenstände aus der Wohnung entfernt, die an den Partner erinnern können. Seine Fotos sind entsorgt, wir haben das Schlafzimmer etwas umgeräumt, um nicht mehr ständig an ihn erinnert zu werden. Die Lebensfreude kommt langsam wieder, wir grübeln nicht mehr ständig. Und vor allem: Wir denken nicht mehr ständig an IHN oder SIE. Der Dauer-Dialog der Nähe ist offenbar beendet. Und wir haben die Nähe zu uns selbst wiedergefunden. Wir spüren wieder den eigenen Körper, die sinnlichen Qualitäten (riechen, schmecken, hören, sehen, tasten) sind wieder vorhanden. Wir atmen die feuchte Luft nach einem Regenguss ein, wir genießen das Essen im Lieblingsrestaurant. Wir grübeln kaum noch, hören vielmehr auf unsere innere Stimme. Unsere Sehnsucht nach dem Partner lässt zunehmend nach.

Trennungsphase 4 – der Neubeginn

In dieser Phase haben wir uns nicht nur arrangiert. Wir haben die Lebensfreude wiedergefunden, die Trennung halbwegs verarbeitet. Die Freunde sind erleichtert: Wir reden nicht mehr ständig vom Ex-Partner. Und wir sind langsam in der Lage, an eine neue Partnerschaft zu denken. Wir wissen, was wir uns vom neuen Partner wünschen, entwickeln neue Hoffnungen. Allmählich haben wir uns ein neues inneres Gleichgewicht erarbeitet, sind selbstbewusster geworden. Gelegentlich spüren wir die frühere Unbekümmertheit. Und wir ahnen, dass es ein Leben nach der Trennung gibt.

Phase 5: Die Trauerarbeit

Wir sind seelisch wieder stabiler, nicht mehr depressiv und verzweifelt. Wir denken nicht mehr ständig an den Partner. Und doch müssen wir jetzt noch einmal innerlich die Trennung verarbeiten. Selbst wenn die Beziehung sehr schwierig war, müssen wir uns von Hoffnungen, von Illusionen verabschieden. Wir dürfen sie nicht einfach verdrängen und begraben, weil sie sonst immer wieder auftauchen. Sonst ist es mit den Liebeshoffnungen so wie mit einer Wand, die man einfach übertüncht. Nach spätestens einigen Monaten taucht das alte Muster wieder auf. Liebesgefühle sind eine Kraft, die man nicht einfach wegdrängen kann. Wir müssen uns ernsthaft mit ihnen auseinandersetzen, und dies geht nur in einem tiefen emotionalen Prozess. Das erfordert Kraft und einen inneren Standpunkt. Erst wenn es uns wieder halbwegs gut geht, erst wenn wir stabil sind, haben wir deshalb die Kraft wirklich zu trauern. Wir müssen die Nähe zu uns gefunden haben, um wirklich Abschied nehmen zu können.

Es scheint absurd zu sein: Wir versuchen in den ersten Phasen, den Partner zu vergessen, und scheinbar gelingt das auch. Wir unternehmen viel mit anderen, lenken uns ab. Aber der Partner ist uns trotzdem noch nahe, seine Stimme ist nur übertönt. Und nun müssen wir uns auch innerlich von ihm verabschieden. Wir müssen empfinden, welchen Verlust wir durch die Beziehung erlitten haben, welche Hoffnungen wir begraben müssen, wo wir selbst naiv und ungeduldig waren. Das ist ein eher nachdenklicher Prozess, bei dem wir auch unseren seelischen Verletzungen nahe kommen. Uns muss deutlich werden, dass wir oft nicht fähig waren, wirklich zu lieben, dass wir uns vielleicht auch den falschen Partner gesucht haben.

Wenn wir dieser Trauerarbeit ausweichen, ist die Gefahr groß, dass wir uns entweder im Leben nur noch schützen wollen und Single bleiben. Oder wir stellen immer wieder das gleiche Nähe-Distanz-Muster in der Liebe her und scheitern erneut. Wir sind zu einer Wiederholung der Liebeskrisen verdammt.

Männer trauern anders

Allerdings sieht diese Trauerphase bei Frauen und Männern sehr unterschiedlich aus. Frauen leiden erheblich länger unter Liebeskummer als Männer, jede zweite ist erst nach einem Jahr wieder bereit, eine neue Beziehung einzugehen. Das ist auch grundsätzlich sinnvoll. Wir müssen ja nicht nur reflektieren, was wir selbst in der Beziehung falsch gemacht haben, was wir in Zukunft beachten sollten. Wir müssen uns ja wirklich innerlich vom Partner trennen und wieder zu uns finden. Wir müssen ein eigenes Leben aufbauen, und das braucht Zeit. Erst nach vielen Monaten verblasst allmählich die Nähe zum Partner. Wenn man einige Jahre mit dem Partner gefrühstückt hat, die Wochenenden und Feiertage verbrachte, ist es ein sehr merkwürdiges Gefühl, wieder allein zu sein. Man muss es regelrecht lernen, die Stille auszuhalten, sich selbst wieder nahe zu sein. Dies erfordert viel Zeit, und es gab früher eine Grundregel: Man würde für jedes Partnerschaftsjahr mindestens einen Trauermonat benötigen. Nach einer 20-jährigen Ehe wären dies fast zwei Jahre. Doch eine Umfrage von Elite.de zeigt, dass die meisten Frauen schon nach einem Jahr offen für eine neue Beziehung sind. Tatsächlich leben 18 Monate nach einer Trennung fast 70 Prozent der Frauen in einer neuen Bindung. Aber Männer beginnen eine neue Bindung häufig wesentlich schneller. Sie überspringen oft den Trauerprozess und stürzen sich in eine neue Beziehung. Sie haben große Schwierigkeiten mit dem Alleinleben, weil sie sich in ihrem verwirrten Innenleben wenig auskennen und kaum Freundschaften haben.

Nur $^1/_3$ aller Männer hat eine gute Freundschaft, wo sie alles erzählen können. Männer leiden deshalb erheblich stärker unter einer Trennung. Nach einem Jahr Trennungszeit geht es

Frauen fast immer besser und Männern schlechter. Männer geraten in Panik, wenn sie allein sind. Deshalb beginnen $^2/_3$ aller Männer innerhalb eines Jahres eine neue Beziehung. Und nach einer Erhebung von Elite.de gehen 38 Prozent der Männer sogar eine Beziehung ein, bevor sie die vorherige Beziehung vergessen haben. Doch dies ist natürlich problematisch, weil sich dann unweigerlich die frühere Partnerschaft in die Liebe hineindrängt. Ein 45-jähriger Handwerker berichtete mir: »Ich war mit einer sehr schwierigen Frau zusammen. Sie war lebendig und eigensinnig und dachte nur an sich. Und jetzt bin ich mit einer sehr lieben Maus zusammen. Sie ist lieb und mädchenhaft, und ich war außer mir vor Glück, als wir die erste Reise unternahmen. Tja – und dann verglich ich sie. Ich weiß – das ist ungerecht. Aber sie war eben doch viel ruhiger als meine Frau, die so gut auftreten konnte. Es war immer Leben, wenn sie irgendwo im Raum war. Und meine kleine ›Maus‹ ist manchmal so ängstlich. Das ist manchmal so anstrengend ...«

Phase 6: Die neue Partnerschaft

Damit wir eine Beziehung innerlich beenden können, müssen wir Trauerarbeit leisten, wir müssen wieder zu uns selbst kommen. Aber eines müssen wir trotzdem wissen: Wirklich beendet ist eine Beziehung erst dann, wenn wir eine neue Partnerschaft beginnen. Sonst besteht zwischen Partnern – auch wenn man sich getrennt hat – immer noch eine Ausnahmebeziehung. Und oft hofft einer noch darauf, dass es wieder eine Liebesbeziehung werden könnte. Ob Sie wirklich keine Erwartungen mehr an den Partner haben, zeigt ein einfacher Test: Könnten Sie sich vorstellen Ihren Ex-Partner bei Liebesproblemen zu beraten, wenn er eine neue Beziehung beginnt? Sie kennen ihn und seine Schwächen gut und es wäre doch der schönste Freundesdienst, wenn Sie ihm bei den Problemen einer neuen Liebe zur Seite stehen könnten? Oder wird

Ihnen schlecht bei diesem Gedanken? Dann sind Sie noch mit vielen Beziehungsfäden an den Partner gebunden. Sie werden vielleicht Liebesbeziehungen eingehen, aber diese werden sich durch eine eigentümliche Distanz auszeichnen. Ihr Herz ist noch nicht frei, Sie leben noch in der alten Welt, sind noch nicht abgelöst.

Kann man miteinander befreundet sein?

Es ist ein jahrelanger Prozess, die Nähe der bisherigen Partnerschaft aufzulösen. Und dann stellt sich zunehmend die Frage: Kann man miteinander befreundet sein? Das ist durchaus umstritten. Es gibt hinsichtlich dieser Frage zwei Lager. Die einen betonen, es wäre schade, wenn alle bisherigen gemeinsamen Lebenserfahrungen verloren wären. Man hat sich zusammen eine Erfahrungswelt aufgebaut, die man weiterhin nutzen sollte. Wäre es nicht schön, man würde sich unterhalten und austauschen können? Vielleicht wäre es sogar möglich, sich beizustehen, sich zu unterstützen. Doch eine von mir in den Jahren 2002–2003 durchgeführte Umfrage ergab, dass nur 15 Prozent der früheren Partner zu einer Freundschaft fähig waren. Ähnliche Zahlen ermittelte Elite.de. Sie zeigten, dass jeder fünfte noch mit der verflossenen Liebe befreundet ist. Inzwischen liegt allerdings eine neue Forsa-Studie im Auftrag des Stern-Magazins vor. Sie machte deutlich, dass 44 Prozent der Befragten mit einem bzw. mehreren Beziehungspartnern befreundet ist. Zwar lässt sich diese Studie nicht mit den bisherigen Untersuchungen vergleichen. Wenn man lediglich mit einem Ex-Partner befreundet blieb, dies aber bei den anderen ablehnte, wurde man bereits als ›Freundschaftstyp‹ gewertet. Dennoch lässt die Umfrage auf ein verändertes Beziehungsverhalten schließen. Wir sind heute toleranter gegenüber Veränderungen und akzeptieren, dass auch der Partner nur ein vorübergehender Lebensbegleiter ist.

Doch eine wichtige Voraussetzung dafür war fast immer, dass eine längere Beziehungspause eingelegt wurde. Ein nahtloser Übergang (»Jetzt sind wir miteinander befreundet.«) ist so gut wie nie möglich. Und häufig hatten beide Partner eine neue Beziehung. Sonst besteht immer die Gefahr, dass ein Partner noch starke Nähewünsche hat, während sich der andere gerade diese Nähe nicht mehr vorstellen kann. Und häufig wird das Projekt Freundschaft dadurch unterstützt, dass die früheren Partner Verantwortung für gemeinsame Kinder trugen und sich deshalb regelmäßig sahen.

Aber auch kinderlose Paare spüren oft nach der Trennung, dass sie sich noch viel zu sagen haben. Nachdem keine Nähe-Distanz-Konflikte mehr vorhanden sind, ist häufig die Beziehung sogar besser als vorher. Ein 55-jähriger Kollege sagte mir deshalb: »In der Beziehung war es immer schwierig. Meine Frau kämpfte, mal wollte sie Nähe, dann Distanz. Das war nicht zum Aushalten. Wir haben uns viel gestritten, und am Ende wollte ich einfach nur weg. Ich habe damals nicht mehr sehen können, wie sehr mir meine Frau am Anfang gefallen hat. Sie hatte ja viele positive Eigenschaften. Aber diese vielen Streitigkeiten haben in mir alles zerstört. Der Auszug war wie eine Reflexhandlung. Inzwischen habe ich eine andere Partnerschaft, meine Ex-Frau lebt auch mit einem neuen Mann zusammen. Und ich habe sie kürzlich wieder getroffen. Wir hatten miteinander telefoniert und spürten wohl beide, dass wir uns viel zu sagen haben. Wir konnten immer so wunderbar über das Leben, über die Literatur, über die neuesten Kinofilme reden. Und dann trafen wir uns in einem Cafe und ich war schon sehr angerührt. Sie sah gut aus und wir sprachen wie früher miteinander. Unser Gespräch hatte Tiefgang, es war lebendig, es machte einfach Spaß. Und nach zwei Stunden ahnte ich wieder, warum ich mich damals für sie entschieden hatte. Jetzt habe ich eine neue Beziehung und ich weiß, dass die Trennung richtig war. Aber ich weiß auch, dass ich gern mit dieser Frau befreundet wäre.«

Lass und gute Freunde werden?

Am Ende eines solchen Trennungsprozesses kann durchaus eine gute Freundschaft stehen. Gewissermaßen bewahrt man dann die Beziehung, indem man auf die Liebe verzichtet, die sich so konflikthaft entwickelt hat. Doch einfach ist dies nicht, denn eine Trennung ist immer eine Kränkung. In der Liebesbeziehung versichern wir dem anderen: »Du bist einzigartig, ich liebe nur Dich.« Doch nun muss man verkraften, dass der ehemals geliebte Mann mit einer anderen zusammenlebt. Wenn man diesen Mann wirklich leidenschaftlich geliebt hat, ist dies auch nach Jahren noch eine Kränkung. Deshalb muss man sich fragen: Ist es nicht besser, man bewahrt die Erinnerung. Ist nicht eine totale Trennung richtiger?

Jedenfalls fordert eine junge Frau eine solche Trennung ein, deren Verlobter sich von ihr getrennt hat, um einer anderen das Ja-Wort zu geben. In feiger Weise hat er sich mit zwei brieflichen Sätzen verabschiedet: »Ich heirate. Unsere Freundschaft bleibt.« Es ist ein Ausdruck der Trauer, der Wut, es ist das Zeugnis einer selbstbewussten Seele, wenn sie ihm antworten will: »Wenn ich nicht mehr leiden soll, müssen Sie gehen, damit eines Tages Ihr Name, wenn er vor mir ausgesprochen wird, vorbeizieht wie ein Hauch und nichts mehr berührt. Ich will diese Auslöschung, denn ich brauche Frieden: Sie, Sie haben das Glück; und ein bisschen Liebe von mir würde Ihnen nichts mehr geben.«[23] Eine solche Reaktion ist verständlich, wenn wir uns trennen. Ein nahtloser Übergang zur Freundschaft ist nur möglich, wenn diese Beziehung schon lange Zeit sehr freundschaftlich war. Wenn die Glut der Liebe nie sehr intensiv war, wenn man sehr rational gesteuert ist, mag es möglich sein, dass man sehr schnell eine Freundschaft beginnt. Doch einfach ist es nicht, denn es gibt tausend kleine Fäden, die uns verbinden – selbst wenn man sich getrennt hat. Unser Herz klopft, wenn wir unsere gemeinsame Musik hören, ein bestimmtes Herrenparfüm ruft Erinnerungen an den Geliebten hervor, den wir früher so gern geküsst haben. Vertraute Orte spülen Gefühle hoch, die längst nicht mehr angebracht sind. Es sind diese Erinnerungsspuren, die uns umklammern und die Vergangenheit wach halten. Deshalb werden Sie vielleicht auch so empfinden wie die Briefschreiberin in einem Stück von Botho Strauss, die ihrem Exmann mitteilt: »Als ich Dich das letzte Mal sah, hast Du noch ein Wort fallen lassen, das gerade so gut wie ein Kanaldeckel auf meine offene Wunde passte … ›ich hoffe, dass sich unser Verhältnis irgendwann wieder normalisieren wird‹ … ›Himmel, wie sprichst Du zu mir?‹ … Hör zu: ich teile Deine Hoffnung nicht; ich werde Dich nicht wieder sehen in einer kalten, erloschenen Gegenwart. Dir mag es wünschenswert erscheinen und bequem, dass wir zu abgeklärten Menschen werden, die sich eines Tages wieder treffen wie zwei Veteranen einer großen Liebesschlacht, solche, die sich gegenseitig die Ehrennadel der Tapferkeit und des Verzeihens an die Brust steckten. Zwei glücklich Davongekommene, die sich einst durch Himmel und Hölle jagten, und jetzt sitzen sie friedlich in einem Garten … Deine Frau bringt uns den Tee und verschwindet diskret … Du musst wissen: Mir ist diese Vision ein Gräuel! Ich verabscheue den Gedanken, dass auch über uns die Zeit siegt, wie sie über alles und jedes hinweggeht … Und wenn ich immer so fortschreiben müsste, um Dich zu behalten, ich würde keinen Augenblick zögern, denn so bin ich Dir nahe, so erhalte ich uns und spreche mit dir und vergnüge mich mit meinem gut gewesenen Leben.«[24]

Kann man diesen Konflikt wirklich lösen? Ist es nicht tatsächlich besser, wenn wir uns im Leben auch das Recht auf Kränkung zugestehen? Wenn wir uns selbst nahe bleiben, auch zu unseren Träumen, Idealen und den gescheiterten Hoffnungen stehen? Muss man sich wirklich immer der Wirklichkeit anpassen? Ist nicht eine Freundschaft mit einem früheren Liebespartner immer auch ein Prozess der Resignation? Diese Fragen müssen wir uns stellen. Und gleichzeitig muss uns bewusst sein: Es gibt immer einen Konflikt zwischen der Wirklichkeit und unseren Wünschen. Und die Nähe zum Leben beinhaltet immer auch ein Stück Bescheidenheit, fordert auch eine Bereitschaft zum Verzicht, zur Anpassung. Sollte man also demütig begreifen oder aufbegehren?

Trennt man sich heute zu früh?

Offenbar ist eine Trennung ein schwieriger Prozess. Man muss jene Nähe wieder zurücknehmen, die man einst so kunstvoll aufgebaut hat. Und ganz gelingt das nie. »Ich bin doch keine Konservendose, die man auf und wieder zumachen kann«, entrüstete sich einmal eine junge Frau, als ihr der Partner eine Freundschaft anbot. Doch wenn dies so schwierig ist, stellt sich die Frage: Trennen wir uns heute zu früh? Warum bleiben wir nicht länger zusammen und arbeiten an der Partnerschaft? Der Talkmaster Fuchsberger hat einmal gemeint, er wäre auf nichts stolz, nur auf seine über 50-jährige Ehe. Und dies wäre vor allem Arbeit gewesen.

Vielleicht sollten wir alle die Liebe als eine sehr spannungsreiche, mitunter schwierige Aufgabe betrachten. Sie besteht darin, dass wir uns selbst finden, uns gleichzeitig aber auch um die Nähe zu unserem Partner bemühen. Die Liebe spielt sich immer in dem Spannungsprozess von Nähe und Distanz ab. Das war auch das Geheimnis der langen Ehe des italienischen Journalisten Tiziano Terzani, der über seine Frau sagte: »Sie war alles für mich. Sie war die Gewissheit, um die alles kreiste, die Gewissheit, frei und gleichzeitig geborgen zu sein. Sie war … der Pflock, an den der Elefant sich mit einem seidenen Faden binden lässt.« Zwar sieht das in der Rückschau einfach aus und ist doch immer eine konfliktreiche Lebensaufgabe. Deshalb kann sie nur gelingen, wenn wir manchmal eine sehr bodenständige Geduld aufbringen. Wir müssen Zeiten der Distanz aushalten und manchmal ist es wichtig, dass wir durchhalten. Das meinte auch ein Ehemann, der seit 35 Jahren verheiratet war. Er sagte mir auf meine Frage, was das Geheimnis seiner langen Ehe sei: »Humor, Verständnis und vor allem – Durchhaltevermögen.« Wir sollten also wissen, dass wir uns nicht zu früh trennen dürfen. Meist entsteht irgendwann doch eine neue Nähe, wenn wir gelernt haben, halbwegs geschickt mit Krisen umzugehen. Und so ist jede lebendige Partnerschaft immer ein Wechselspiel zwischen der beglückenden Nähe und jener sicheren Distanz, in der wir die Nähe zu uns selbst finden müssen.

Anmerkungen

1 Judith S. Wallerstein, Sandra Blakeslee, Gute Ehen, München 1998
2 Maxie Wander, Guten Morgen, du Schöne, München 2007, S. 81
3 Pearl S. Buck, die große Liebe, Zürich o. D., S. 42 f.
4 Ebenda, S. 207
5 Marilyn French, Frauen, Reinbek bei Hamburg 1982, S. 445 f.
6 André Golz, Brief an D., Geschichte einer Liebe, München 2009, S. 89
7 Ton Lemaire, Die Zärtlichkeit, Düsseldorf 1975, S. 31
8 Zitiert nach Annette Riestenpatt, Frauen küssen anders. In: Elite.de
9 Hemingway, Wem die Stunde schlägt, Frankfurt am Main 1961, S. 307
10 Peggy J. Kleinplatz, Sexuality and older people, BMJ, London 2008
11 Shere Hite, Woman and Love, New York 1987
12 Hamburger Abendblatt, Die längste Ehe der Welt – und was sie seit 80 Jahren zusammenhält v. 2. Juni 2005
13 Jens B. Asendorpf, Living Apart Together: eine eigenständige Lebensform?, Deutsches Institut für Wirtschaftsforschung, in: Kölner Zeitschrift für Soziologie und Sozialpsychologie 37 (2008), No. 4, 749–764
14 David-Neel, zitiert in: Montreynaud, Love, Köln 1998, S. 71
15 Zitiert nach Franziska Hanel, Ehe ohne Trauschein ist out, in: www.teachsam.de
16 Virginia Woolf, Ein Zimmer für sich allein, Frankfurt am Main 1981, S. 122
17 Tagesspiegel vom 2.8.2004 (Aus aller Welt, letzte Seite)
18 Zitiert nach: Julia Heilig, Im Haushalt helfen macht Ihn und Sie glücklich, Platinnetz.de
19 Siehe: Elke Rohmann und Hans-Werner Bierhoff, Das Familienhandbuch des Staatsinstituts für Frühpädagogik (IFP), in: www.familienhandbuch.de
20 Michael J. Glantz et al: Gender disparity in the rate of partner abandonment in patients with serious medical illness, Cancer, Volume 115, Issue 22, S. 5237 f.
21 Heinz Ohff, ein Stern in Wetterwolken, Königin Luise von Preußen, München 1989, S. 222
22 Hans Jellouschek, Bis zuletzt die Liebe, Freiburg 2002, S. 19
23 Marcelle Sauvageot, Fast ganz die Deine, München 2005, S. 59
24 Botho Strauß, Der Brief zur Hochzeit, in: Über Liebe, Stuttgart 1989, S. 99 f.